조나단 리빙스턴 갈매기와의 꿈의 대화

꿈은
바람이 부는 날에도 날개를 편다

박민희 지음

목 차

서문 / 3

1. 조나단 리빙스턴의 꿈-나는 높이 높이 날고 싶다   7
2. 꿈길을 따라 걸어가면 고독할 수 있다   15
3. 꿈을 이루고 싶다면 시도하고 또 시도하라   21
4. 나는 삶의 의미와 더 높은 목적을 추구합니다   25
5. 그게 진정 원하는 것이라면 일관되게 하라   30
6. 한 길을 걷다 보면 도움이 되는 길동무도 만나게 된다   35
7. 성취의 기쁨 '드디어 내가 해냈어'   38
8. 우리가 모르는 다른 세상도 있다!   43
9. 숙련된 전문인의 도움을 받으면 장벽을 극복할 수 있게 된다   49
10. 하늘과 땅을 모두 품고 살고 싶다   52
11. 배움이 필요한 누군가에게 가르침이 되는 삶   57
12. 표면적 지식, 이면적 지식   63
13. 배움의 한 가지 중요한 법칙-배우다 보면 깨닫게 된다   67
14. 대단히 어려운 것 두 가지   74
15. 새로운 세대를 위한 새로운 스승   80
16. 그 스승에 그 제자: 미래를 담은 매우 아름답고 희망찬 관계   85

에필로그. '갈매기의 꿈' 그리고 나의 꿈 / 91

서언

 꿈! 언제 들어도 좋고 가슴을 뛰게 하는 말이다. 살아가면서 꿈을 꾸는 것은 즐거운 일일 뿐만 아니라 꿈에는 그것이 향하는 밝은 미래가 담기기에 희망의 향기가 진하게 풍긴다. 현재 처해 있는 상황이나 여러 다른 이유로 누군가에게는 꿈을 꾸는 게 쉽지 않을 수 있으나 그래도 꿈은 그 자체로 좋은 것이다. 더욱이 꿈을 꾸고 그 꿈을 실현하기 위해 열심히 노력하는 모습은 아름답고 숭고하다.
 리처드 바크는 자신의 책 『갈매기의 꿈』에서 조나단 리빙스턴 갈매기를 통해서 그러한 숭고하고도 아름다운 모습을 보여준다. 높이 높이 그리고 멀리멀리 나는 것이 꿈인 지극히 평범한 작은 갈매기 한 마리가 여러 어려움과 장애물을 극복하면서 그 꿈을 이루기 위해 부단히 노력하는 과정은 독자에게 깊은 인상을 줄 뿐만 아니라 나도 한 번 꿈을 가지고 해 봐야겠다는 자극과 용기를 준다.
 책을 읽으면서 그 과정을 지켜보다 보면 몇 가지를 떠올리게 된다. 첫째로 꿈이란 누구나 꿀 수 있는 것이나 그렇다고 해서 모든 사람이 꾸는 건 아니라는 것이다. 둘째로 꿈은 꾸기만 한다고 해서 저절로 이루어지는 것이 아니라 끊임없는 도전과 노력과 실천을 통해서 성취할 수 있게 된다는 것이다. 셋째로 꿈을 이루어 가는 과정에는 여러 어려움과 장애물이 있을 수 있고 때론 방해꾼이 나타날 수도 있다는 것이다.

그 방해꾼은 보통 두 가지로 나뉘는 데 하나는 주변의 부정적인 소리이고 다른 하나는 자기 내면의 부정적인 소리이다. 주변의 부정적인 소리는 대개 이와 같다. '그런 건 아무나 하는 게 아니야. 그런 건 우리와는 아무런 상관이 없어. 귀찮고 힘들게 뭐 하러 그런 걸 해? 굳이 그런 것을 하지 않아도 할 일이 많아! 별로 써먹을 일도 없잖아!' 등등.

자기 내면의 부정적인 소리도 그와 비슷하다. '나 같은 인생이 어떻게 그런 걸 하겠어? 그런 건 세상의 몇 퍼센트 안에 드는 특별한 사람들이나 하는 거지. 그런 거 한다고 해서 누가 알아주기나 해? 시간만 낭비할 뿐이고 별로 돈도 안 되잖아! 인생에 뭐 특별한 게 있어? 힘든 세상을 사는데 그냥 할 수 있는 일이나 하면서 편하게 살아!' 등등.

꿈을 꾸고 그것을 이루기 위한 계획을 세우고 앞으로 나아가다 보면 주변에서 그런 소리가 들리거나 그런 생각이 들게 된다. 그럴 때 꿈을 꾸고 그것을 추구하는 사람이 할 일은 그 꿈이 진정으로 자기에게 중요하고 소중하며 의미가 있어서 한 번뿐인 자기 인생에서 꼭 이루고 싶은 것이라면 일단은 그런 소리에 귀를 막고 자기 꿈을 따라 자기 길을 오롯이 걷는 것이다. 그래야 꿈의 성취를 위한 길을 힘차고도 일관되게 걸어갈 수 있게 된다.

  이 작은 책이 누군가의 마음에 자극을 주어 그로 꿈을 꾸고 그 꿈을 이루기 위해 최선의 노력을 해봐야지 하는 마음을 갖게 한다면 글쓴이로서 대단히 보람되고 크게 기뻐할 일이다. 조그마하나마 그의 마음과 삶에 영향을 주는 것이기 때문이다.

  필자가 문서를 통해 하나님을 섬기는 '글목회' 사역은 하나님의 역사 안에서 쓰임 받는 여러 돕는 손길로 인해 가능해 왔다. 그중에서도 특히 나의 문서사역을 도우면서 하나님의 나라와 그분의 교회를 위해 함께 수고하는 목회자들과 교회들인 박명룡 목사님과 청주서문교회 성도님들, 박성호 목사님과 상도교회 성도님들, 박해정 목사님과 인천성암교회 성도님들, 배재영 목사님과 복의근원교회 성도님들 그리고 이후용 목사님과 신광명교회 성도님들에게 진심으로 감사한다.

  끝으로 부족한 글인데도 늘 흔쾌히 출판을 맡아주시는 드림북 출판사의 대표 민상기 목사님에게 감사의 마음을 전한다. 우리 두 사람에게 '문서사역'이라는 소원을 두고 행하게 하시는 하나님의 기쁘고 선하신 뜻과 계획이 계속해서 아름답게 열매를 맺어가기를 간절히 소망한다.

2025년 4월 25일
박민희

1. 조나단 리빙스턴의 꿈-나는 높이 높이 날고 싶다

'너는 꿈이 있어? 물론 나는 있지. 무어냐고? 그건 바로 나는 거야. 더욱이 하늘 높이 높이 멀리멀리 훨훨 나는 거 말이야. 나는 날개가 달린 새니까.'

이것은 내가 『갈매기의 꿈』을 읽는 동안 개인적으로 침묵으로 들은 그 책의 주인공 조나단 리빙스턴 갈매기의 말이었다.

어린 갈매기 조나단 리빙스턴은 보통의 갈매기들보다 못한 갈매기, 그러니까 작고 제대로 날지도 못하는 갈매기였으나 날고 싶은 강한 욕망이 있었다. 그래서 다른 갈매기들처럼 그저 고깃배 주변을 기웃거리면서 고깃배가 밑밥을 뿌릴 때 먹이를 낚아채는 것 따위는 전혀 관심이 없었다. 조나단의 관심은 먹는 데 있는 것이 아니라 오직 나는 데 있었다. 무엇보다도 그리고 누구보다도 날기를 좋아했기 때문이다. 조나단은 단순히 이상의 날개가 아니라 실제 자기 날개를 펴고 날아다니는 그런 멋진 꿈을 꾸었다.

그래서 다른 갈매기들의 눈총과 비난에도 배와 바닷가에서 멀리 떨어진 곳에서 줄기차게 나는 연습을 했다. 더욱이 여러 번 실패를 거듭하면서도 포기하지 않고 혼자 나는 연습을 계속했다. 나는 것, 그것이 바로 조나단의 꿈이었기 때문이다. 그래서 조나단은 계속해서 꿈을 꾸면서 대단히 힘이 들고 좌절도 경험했으나 언젠가 반드시 그 꿈이 이루어질 거라는 기대와 희망을 품고서 포기하지 않고 자기 꿈을 실천에 옮기고 또 옮겼다. 마이클 린버그는 이렇게 말한다. "삶은 늘 불확실성을 내포한 어려운 방정식이다…원하는 것을 정말 얻고자 한다면 기꺼이 위험을 감수해야 하며, 안정과 친숙함을 떠날 각오를 해야 한다."

갈매기들 대부분은 그냥 나는 일, 곧 바닷가에서 조금 날아올라서 먹이를 잡아 돌아오는 일 그 이상을 배우려고 하지 않았다. 그런 갈매기들에게는 나는 것보다 먹는 게 현실적으로 훨씬 더 중요하고 쉬웠기 때문이다. 그런 갈매기들이 나는 목적은 오직 먹이를 얻는 것이었고 그래서 먹이를 얻으면 그것으로 그냥 만족했다. 그 이상도 그 이하도 아니었다.

보통 갈매기들의 이러한 특성은 사람들에게도 그대로 적용된다. 『갈매기의 꿈』의 저자 리처드 바크에게 있어서 보통 갈매기들은 살아가는 동안 특별한 꿈을 꾸지 않고 그저 현실에 만족하고 안주하면서 살아가는 일반 사람들을 암시한다. 반면에 어린 갈매기 조나단은 특별한 존재가 아님에도, 아니 평범 이하이면서도 그리고 특별한 재능이 없음에도 자기의 마음속 깊은 곳에서 솟아오르는 열망을 가지고 큰 꿈을 꾸면서 더 높은 곳을 향하여 나아가는 사람들을 나타낸다.

이것은 가수 조용필 씨가 부른 〈킬리만자로의 표범〉에 나오는 하이에나와 표범에 비유될 수 있다. 산기슭의 하이에나는 그저 낮은 곳에서 쉽게 구할 수 있는 짐승의 썩은 고기를 먹는 것에 만족한다. 그러나 킬리만자로의 표범은 그런 것에는 전혀 만족할 수가 없다. 킬리만자로의 표범에게는 특별한 꿈과 열망이 있기 때문이다.

킬리만자로의 표범은 바람처럼 왔다가 이슬처럼 갈 수 없기에 산정 높이 올라가 굶어서 얼어 죽어 눈에 덮이는 한이 있더라도 자기가 산 흔적을 남기고 불꽃으로 타오르기 위해서 높은 곳까지 오르려고 부단히 애쓴다. 꿈이 없는 하이에나는 산기슭 밑바닥에서 그럭저럭 살지만 꿈이 있는 킬리만자로의 표범은 그렇게 하지 않고 자기 꿈을 이루기 위해 산 정상을 향해 오르고 또 오른다.

꿈을 갖는 것은 뜻을 정하고 생각과 마음을 한곳으로 모으고 집중하는 것과 관계가 있다. 생각과 마음의 방향이 한곳으로 집중되지 않으면 꿈을 이루기가 쉽지 않다. 그래서 꿈을 가지려면 무엇보다도 생각과 마음을 다루어야 한다. 사람은 생각하는 대로 살게 되고 사는 대로 생각하게 된다. 그리고 꿈꾸는 대로 자기 인생의 노트를 펼치게 된다.

삶의 높이는 바라면서 날갯짓을 하는 만큼 높아지고 삶의 깊이는 바라면서 파는 만큼 깊어지며 삶의 넓이는 바라면서 움직이는 만큼 넓어진다. 삶의 크기, 곧 삶의 높이와 깊이와 넓이는 꿈의 크기, 곧 꿈의 높이와 깊이와 넓이와 비례한다. 그리고 삶의 실제 크기는 그 꿈을 어느 만큼 실현하는가에 달려 있다.

리처드 바크는 『갈매기의 꿈』 전체에 걸쳐 보통의 갈매기들보다도 못한 어린 갈매기 조나단 리빙스턴의 일대기를 통해 그러한 사실을 제시한다. 그 책을 읽으면서 조나단의 꿈을 찾아가고 그것을 실현해가는 여정을 진지하게 따라가다 보면 어느 순간 가슴이 힘차게 뛰는 것을 느끼게 된다. 나도 그렇게 해보고 싶은 마음이 저절로 생긴다. 리처드 바크가 자신의 책을 통해 나의 마음을 움직이고 내게 영향을 준 것이다.

그 책을 읽다 보면 다시금 인생에서 꿈의 의미와 중요성을 되새기게 된다. 꿈이 없는 삶은 활기찰 수가 없다. 꿈은 삶의 동력이고 동인이며 에너지이기 때문이다. 꿈은 사람을 움직이는 힘을 가지고 있다. 꿈은 우리가 인생길을 걷다가 어려움을 만나고 좌절을 경험하게 될 때 그것을 극복하고 다시 일어설 의지를 제공한다.

우리는 조나단의 꿈 이야기를 통해서 그 점을 확인받게 된다. 진정 꿈이 있는 사람은 실패와 그로 인한 좌절을 경험하게 될지라도 아예 주저앉지는 않는다. 오뚜기처럼 다시 일어서고 일어선다. 꿈이 그를 그냥 놔두지 않고 다시 일으켜 세우기 때문이다. 그것이 꿈의 힘이다.

<호숫가를 걸으며 만난 어떤 일상>

어느 평온한 늦가을
조금 쌀쌀하게 느껴지는 바람 부는 날 오후
인적은 드물고 갈매기들 자유롭게 노니는
호반을 조용히 홀로 걸었다.

한가롭고 평온한 시간을 누리며
가벼운 마음으로 천천히 걷다가
발걸음 잠시 멈추어 서서
호수에 눈길을 주었다.

그리고 스치는 바람에 잔물결 이는
잔잔한 호수 위에 마음 하나 띄우고
그 마음 가는 대로 가만가만히 바라보았다.

호수 위를 자유롭게 날아다니다가
곤한 날개 잠시 접고 나란히 앉아
유유자적하게 쉬고 있는 갈매기들이
그런 나를 뚫어지게 보고 있었다.

호반 길옆에 놓인 벤치에
삼삼오오 앉아 도란도란

정겹게 이야기꽃 피우는 사람들
늦가을 풍경을 인물화로 바꾸어 놓는 듯했다.
그들의 정겨운 모습에 갑자기
조용히 다가가 끼어들고 싶어졌다.

걷는 길 따라 멋지게 서 있는
아름답게 물든 가을 나무들을 보며
조금 더 걷노라니
길가에 놓여있는 빈 의자들이
잠시 쉬어 가라고 부르는 듯했으나
그냥 스쳐 지나가는데
저 앞쪽에서 호수에 낚싯대를 드리우고
물고기가 미끼 물기만을 기다리면서
호수를 응시하는 어느 강태공이 보였다.
깊어가는 가을의 무게만큼
그의 기다리는 모습이 무척이나 진지하게 느껴졌다.

그 앞쪽 조금 멀리에서는
오리 한 마리 잔잔한 호수를 가르며
앞으로 또 앞으로 힘차게 전진하고 있었다.
물끄러미 그 모습을 보면서
물속에 잠겨 보이지는 않지만
부단한 발놀림을 마음에 그려보았다.

한낮의 한가로움과 평화로움을
깊게 호흡하며 걷노라니
간간이 사람들이 스쳐 지나갔다.
그들은 나에게, 나는 그들에게
서로 알지 못하는 타인으로 스쳐 지나갔지만
그래도 우리는 호반의 풍경을 이루는 행인들이었다.

저기 멀리
비가 오나 눈이 오나 늘 한결같게
말없이 의젓하게 서 있는 등대를 보노라니
'인생이 정처 있으려면
인생에는 자기와 같은 표지판이 있어야 한다'라고
내게 속삭이는 듯했다.

그렇게 한걸음 또 한걸음 가을 속을 걷는데
갑자기 형용할 수 없는 어떤 감정이
내면 깊은 곳에서 스미어 나오며
내 안을 황홀감으로 채웠다.
아! 이게 평화로다.

나의 일상 속
평화롭고 한가로운 호반에

시간 속으로 사라져가는 발걸음을 뒤에 남기면서
다른 사람들의 일상을 스쳐 갈 때
내 마음속 깊은 곳으로
잔잔한 호수가 잔잔한 물결을 일으키며
가득 들어왔다.
그 마음을 가지고 강의실로 발걸음을 옮겼다.

2. 꿈길을 따라 걸어가면 고독할 수 있다

인생길을 걸으면서 꿈이 있다는 것은 중요하고도 좋은 것이다. 꿈은 삶의 원동력이고 정신적 에너지이기 때문이다. 그러함에도 오늘날 꿈 없이 살아가거나 꿈을 포기하고 살아가는 사람들이 적지 않은 것도 사실이다. 그런 점에서 보면 여러 이유로 인해 어떤 사람들에게는 꿈을 갖고 살아가는 것이 쉬운 일은 아닐 수 있다.

그런데 꿈을 갖고 그 꿈을 향해 꾸준히 나아가는 것은 훨씬 더 어렵다. 왜냐하면 누구나 살아가다 보면, 더욱이 꿈을 품고 그것을 이루기 위해서 걸어가다 보면 언젠가는 반드시 장애물을 만나게 되고 실패나 좌절을 경험하게 되기 때문이다. 그럴 때 사람들 대부분은 자기 꿈을 포기하고 싶은 유혹에 직면하게 된다.

게다가 꿈을 찾아가는 길은 외롭고 고독할 수 있다. 대개는 오랜 시간 홀로 그 길을 올곧게 걸어가야 할 뿐 아니라 많은 것을 포기하면서 가야 하기 때문이다. 때로는 주변에서 들려오는 여러 유쾌하지 않은 소리를 감내해야 하기도 한다. 꿈을 찾아가는 길은 그만큼 고독하고 쉽지 않은 길이다.

베르시에는 "진리와 정의를 추구하는 사람은 고독 속에 혼자 있을 마음의 준비가 되어 있어야 한다"라고 말했는데 그것은 앞날이 불투명한 꿈길을 따라 걸어가는 사람에게도 그대로 적용된다. 그러니까 '꿈을 추구하는 사람은 고독 속에 혼자 있을 마음의 준비가 되어 있어야 한다'라는 것이다.

당연하게도 높이 그리고 멀리 나는 꿈을 꾸던 조나단도 같은 경험을 하지 않을 수 없었다. 주변 갈매기들은 조나단이 날기를 좋아하는 것을 좋아하지 않아서 친하게 지내려고 하지 않았고 조나단은 그러한 사실을 잘 알고 있었다. 심지어는 부모 갈매기도 조나단이 하는 행동을 이해하지 못했다. 그들은 조나단이 종일 나는 연습을 하면서 혼자 시간을 보내는 것에 대해서 적잖이 걱정했다.

그러함에도 조나단은 나는 연습을 멈출 수가 없었다. 그것을 좋아할 뿐 아니라 자기만의 꿈, 곧 자유롭게 높이 높이 그리고 멀리 멀리 날고 싶은 꿈이 있었기 때문이다. 그래서 조나단은 열심히 연습했고 때로는 다른 갈매기들이나 부모 갈매기가 이해하기 어려운 이상한 행동으로 여겨지는 것까지도 연습했다.

조나단의 그런 모습을 보면서 부모 갈매기는 걱정스러운 마음에 다른 갈매기들처럼 먹이를 얻는 법이나 배우기를 바랐다. 그냥 평범한 갈매기로 배 주변에서 어렵지 않게 먹잇감을 얻어먹으면서 무난하고도 안정되게 살기를 바란 것이다.

조나단은 부모의 말씀을 존중해서 그렇게 해보려고도 했으나 아무런 소용이 없었다. 오직 나는 것을 배우는데 온통 마음이 가 있었기 때문이다. 그래서 마음껏 그리고 속도를 내어 나는 법을 연습하러 다시금 먼 바다로 나갔다.

마음에 꿈을 품고 그것을 이루기 위해 길을 걸어갈 때 대개 주변 사람들의 반응은 긍정적이지 않다. '뭐, 인생을 그렇게 힘들게 살려고 해. 얼마나 대단한 인생을 살려고. 그냥 쉬운 길로 가. 인생이라는 게 뭐 별거 있어? 그렇게 산다고 누가 알아주기나 해? 그렇게 살면 뭐 특별한 게 있어? 그러니까 그리 길지도 않은 인생을 그냥 쉽게 쉽게 살아.'

린버그는 '각각의 날을 명작으로 만드는 삶'에 대해 이야기하면서 이렇게 말한다.

> 많은 사람들이 지금보다 나은 삶을 살 수 있다는 것을 잘 알고 있다. 그럼에도 자신의 잠재력과 능력을 의심하거나, 자기 안에 거대한 놀라운 미지의 세계가 숨어 있다는 것을 깨닫지 못하고 있다…주위를 둘러보자. 자신의 꿈을 이루기 위해 타고난 재능과 능력을 개발한 사람치고 상처받지 않은 사람이 있는지, 그들이 그 상처에 굴복하여 중도에 포기하고 말았는지….

자기가 꿈꾸는 것이 자기에게 특별히 중요하고 의미 있고 오직 한번 사는 인생에서 꼭 이루고 싶은 것이라면 남들이 뭐라고 하든, 남들의 시선이 어떠하든 그리고 아무리 어렵다고 하더라도 오롯이 그 길을 걷는 게 좋다. 설사 가다가 실패하더라도 가는 게 좋다. 그래야 나중에 인생이 끝날 때 그 길을 가지 않은 것을 아쉬워하고 후회하지 않으면서 마지막 길을 허망하지 않게 떠날 수가 있게 된다.

린버그의 다음의 말이 가슴 깊이 스민다.

> 일시적인 이익을 위해 우리 안에 있는 가치와 이상을 포기하는 것은 참으로 유감스러운 일이다. 이들은 우리의 삶에 의미를 부여했던 것들이기 때문이다. 이 과정에서 우리는 언제라도 얻을 수 있는 것보다 훨씬 더 소중한 무언가를 잃어버리게 된다. 소중한 것들이 빠져나간 자리에는 쉽게 채워지지 않는 공허함이 대신 자리를 잡는다.

꿈은 고독을 감내하며 그것의 성취를 위해 부단히 노력하고 애쓰는 사람에게 자기를 준다. 꿈은 이루어진다. 그러나 그것이 이루어지게 하려면 반드시 거기에 상응하는 대가를 지불하지 않으면 안 된다. 그것이 꿈의 속성이다.

<석양과 갈매기>

시월의 마지막 날 늦은 오후
조금씩 날이 저물어가는 시간에
호숫가에 홀로 서서
물끄러미 검푸른 호수를 바라본다.

보람찬 하루의 일과를 마치고
붉은 노을을 남기며
저편으로 떠나가는 해의 뒷모습이
무척이나 아름답고도 장엄하다.

하늘과 구름을 붉게 물들이는 노을이
차가운 바람만 쓸쓸히 스치는
잔잔한 늦가을 호수에도 찾아든다.
호수에 이름 모를 낭만이 깃든다.

호숫가 철 담 위에
오늘 하루도 호반을 분주히 날아다니던
여러 갈매기 하나둘 잠시 줄지어 앉아
이 아름다운 저녁노을을 바라보고 있다.

붉은 노을을 바라보는 갈매기들의 뒷모습이

무척이나 평화롭고 편안해 보인다.
갈매기들 뒤쪽에 가만히 서서
함께 석양을 응시하며
그 뒷모습을 바라보는 내 마음에
잔잔한 쉼이 밀려든다.

호수의 잔물결처럼
한 겹 또 한 겹 찾아든다.
잠시나마 평안하다!

3. 꿈을 이루고 싶다면 시도하고 또 시도하라

마음은 굴뚝같을지라도 무슨 일을 하든지 단 한 번에 되는 일은 거의 없다. 물론 예외는 있을 수 있으나 대개는 그렇다. 게다가 인생에는 아무리 수고하고 노력해도 안 되는 것들이 있기도 하다. 그러나 대부분은 많이 수고하고 노력하면 이룰 수 있고 또 그렇게 해야 이룰 수 있게 된다.

이런 점에서 랄프 에머슨의 다음의 말에 마음이 그대로 담긴다. "너에게 있어서 매우 중요하고 좋은 일이 있다 하더라도, 그것을 한두 번 부른다고 금방 너에게 찾아오지 않는다. 수고와 노력을 하지 않으면 쉽게 찾아오지 않는 것이다."

실제로, 이루어진 일들 가운데 수고와 노력이 담기지 않는 일은 거의 없다. 이것에 대한 좋은 예가 어린 조나단 갈매기이다. 조나단은 말 그대로 '노력 갈매기'이다. 나는 것이 꿈인 조나단은 자기 꿈을 이루기 위해서 수고하고 애쓰며 부단히 노력했다. 다른 갈매기들이 알아주든지 알아주지 않든지 그런 것에 아랑곳하지 않고 매일매일 높이 그리고 멀리 날기 위해서 연습하고 또 연습했다.

조나단이 날고자 하는 것은 다른 갈매기들을 기쁘게 하거나 그들로부터 인정을 받으려는 것이 아니었다. 그런 것에는 전혀 관심이 없었다. 다만 자기 마음속 깊은 곳에서 솟아오르는 억누를 수 없는 갈망 때문이었다. 그 갈망은 '나는 날고 싶다'라는 것이었다.

그런데 조나단은 그런 갈망이 있어서 열심히 노력함에도 도중에 원하는 대로 되지 않을 때는 여러 번 좌절을 경험하기도 하고 그만두고 싶은 마음이 드는 그런 상황에 이르게도 되었다. 그때 그러한 경우에 흔히 있는 것처럼 조나단의 마음속에 이러한 이상하고도 공허한 소리가 스쳐 지나갔다.

> 그래봤자 소용없어. 난 평범한 갈매기일 뿐이야. 본성을 따라야 하는…. 나는 것에 대해서 그처럼 많이 배우려면 머리가 좋아야 해. 또 만약 빠르게 날고 싶다면 매처럼 짧은 날개로 물고기 대신 쥐를 먹고 살아야 하고….
> 아빠 말이 옳아. 이런 어리석은 짓은 집어치워야 해. 갈매기들이 있는 고향으로 날아가서 있는 그대로의 나, 가엾고 하찮은 갈매기로서 나 자신에 만족하고 살아야 해.

그 소리는 금방 사라져버렸고 그것을 따르기로 했다. 한 마리의 평범한 갈매기로 살기로 한 것이다. 그렇게 조나단은 그 말에 잠시 흔들렸다. 그러다가 한밤중에 바닷가로 가는 도중에 하나의 깨달음을 얻게 되었다. 자기의 긴 날개를 다 접고서 날개 끝으로만 날면 어둠 속에서도 매처럼 날 수 있다는 것을 깨달은 것이다. 일종의 영감 같은, 순간적으로 얻은 귀중한 깨달음이었다.

그리고 실제로 그렇게 날면서 연습했고 드디어 높이 올라간 다음에 빠른 속도로 하강하면서 바다 위를 낮게 쏜살같이 날 수 있게 되었다. 조나단은 어찌할 바를 모를 만큼 기뻤다. '배우는 데서 오는 큰 기쁨'을 칠흑 같은 어둠 속에서 맛보고 있었다. 그러나 거기에 만족하지 않고 계속해서 더 높이 올라가고 더 빠르게 하강하는 법을 연습하고 있었다.

그때 저 멀리 수평선에서 붉은 태양이 찬란하게 솟아오르고 있었다. 조나단은 시간 가는 줄을 모르고 밤새 그렇게 연습했으나 여전히 생기가 넘쳤고 두려움을 이겨낸 것이 기쁘고 자랑스러웠고 마음이 뿌듯했다.

뜻을 정하고 무언가를 하는 과정에는 반드시 위기가 찾아오게 되어 있다. 좌절을 경험하게 된다. 그만두고 싶은 마음이 들게 하는 어려움과 유혹이 있다. 그때가 중요한 순간이다. 조나단에게도 그랬다. 그토록 원하는 날기를 연습하던 조나단에게도 예외는 없었다. 조나단도 그런 상황에 직면하게 될 것이다. 그때 잠시 흔들리기도 했으나 포기할 수가 없었다. 그 이유는 간단했다. 그것이 꼭 이루고 싶은 자기의 진정한 꿈이었기 때문이다. 그래서 연습하고 또 연습한 것이다. 말 그대로 피나는 연습을 한 것이다.

어린 갈매기 조나단은 나는 연습을 하다가 마음먹은 대로 되지 않을 때는 '왜 안되는 것일까'라고 자문하면서 실패의 원인을 찾고 그것에 대처하면서 부단한 노력을 기울였다. 이것저것 여러 방법을 시도했다. 포기하지 않고 그렇게 연습하고 또 연습했다. 그러다가 결국에는 깨달음도 얻고 잘 할 수 있는 방법도 찾아내고 차츰차츰 더 나아지게 되었다. 여러 어려움 속에서도 자기가 원하고 마음먹은 대로 자유롭게 높이 높이 멀리멀리 날 수 있는 그때를 향해 진일보하고 있었다.

뭔가를 이루는 것은 그런 과정을 거쳐야만 가능하게 된다. 시간과 노력이 필요하고 실패와 좌절을 경험하면서 그것들을 이겨내고 조금씩 점진적으로 향상되면서 이루어진다. 그래서 의미 있는 무엇인가의 성취는 모두 귀하고 고귀하다.

오늘도 자기 삶의 자리에서 어린 갈매기 조나단과 같은 길을 걷고 있는 사람의 하루는 소중하고 아름답다. 그 하루는 훗날 이루어지게 될 그 꿈을 구성하는 한 부분이기 때문이고 거기에는 밝고 의미 있고 희망찬 미래가 담겨 있기 때문이다. 포기하지 않는다면 때가 되면 그 미래를 만나게 될 것이다.

4. 나는 삶의 의미와 더 높은 목적을 추구합니다

　사람들 대부분은 자기 삶이 활력적이고 역동적이기를 바랄 것이다. 그렇지만 현실적으로는 그렇게 살지 못하고 무기력하게 사는 사람들이 의외로 많이 있다. 인생 자체가 힘이 들기에 그렇기도 하나 많은 경우 자기 삶과 하는 일에서 의미를 느끼지 못하거나 생의 구체적인 목적이나 목표가 없기에 그럴 것이다.
　우리의 삶을 활기차게 해주는 여러 요소 중에 중요한 것으로 의미와 목적이 있다. 생의 의미와 목적을 제외하고서 인간의 삶은 논하기가 어렵다. 실제로 인생의 의미를 느끼지 못하고 인생의 목적이 없는 삶은 건조하고 방향을 상실하게 된다. 인간의 삶에서 의미와 목적은 본질적이다.
　이처럼 사람에게는 생의 의미와 목적이 그토록 중요하며 그 둘은 서로 밀접하게 관련되어 있다. 특히 의미와 목적은 어떤 일을 수행할 때 동기부여의 동인으로 작용하는데 무슨 일을 하든지 간에 동기부여가 잘되어야 끝까지 진행해갈 수 있다. 리처드 바크는 인간의 삶의 그러한 특성을 깊이 인식하고 갈매기 조나단의 입을 통해 그것을 분명하게 전한다.

조나단은 부단한 노력을 통해 동료 갈매기들보다 더 잘 날게 되었으나 그것에 만족하지 않고 계속 연습했다. 그리고 결국에는 갈매기들 가운데에서 가장 빠르게 날 수 있게 되었다. 갈매기의 역사상 가장 위대한 순간을 맞이한 것이다. 그러나 거기에서 멈추지 않고 자기만의 연습 장소로 날아가서 아주 높은 곳에서 수직으로 비행하면서 방향을 트는 법 등 다른 여러 방법을 시도하면서 연습했다. 마침내 조나단은 이 세상 갈매기들 가운데에서 최초로 곡예비행을 하게도 되었다.

조나단은 말로 다 형용할 수 없는 기쁨을 가슴에 담고서 바닷가의 갈매기 무리에게로 향했다. 조나단은 자기가 이룩한 놀라운 것을 다른 갈매기들이 들으면 함께 기뻐해 줄 것이라고 기대했다. 조나단은 미래에 대한 희망으로 가슴이 벅차올랐다. 마음 속으로 이렇게 말했다. "이제 살아가는 의미가 훨씬 많아졌어! 끊임없이 고깃배 주위를 왔다 갔다 하는 지겨운 일 대신에, 이 세상을 살아갈 이유가 생긴 거야!…우리는 자유로워질 수 있어! 나는 걸 배울 수도 있고!"

그러나 현실은 조나단이 품었던 기대와는 상당히 달랐다. 조나단이 땅에 내려앉았을 때 갈매기들이 모여서 회의를 진행하고 있었는데 그 이유는 자기들 무리에서 조나단을 추방하기 위한 것이었다. 우두머리 갈매기가 조나단에게 "가운데로 나와 서라!"고 했는데 갈매기 세계에서 무리 가운데로 서는 것은 명예로운 일을 했거나 크게 부끄러운 일을 한 경우 그 둘 중 하나이다.

조나단은 자기가 이룬 놀라운 업적을 생각하면서 당연히 자신이 갈매기들의 으뜸가는 지도자로 지명받을 것이라는 생각을 했으나 실제로는 그 반대였다. 갈매기 무리에게 창피를 당하게 하려는 것이었다. 창피를 주기 위해서 가운데로 서게 하는 것은 갈매기 무리에서 쫓겨나 멀리 떨어진 낭떠러지에서 혼자 살도록 추방한다는 것을 의미했다.

우두머리 갈매기가 이렇게 말했다. "…어느 날엔가 너 조나단은 네 무책임한 짓이 아무짝에도 쓸모가 없다는 것을 알게 될 것이다. 삶이란 알려지지 않은 것이고 또 알 수도 없는 것이다. 우리는 단지 먹기 위해, 그리고 될 수 있는 한 오래 살아남기 위해서 이 세상에 던져진 것이다. 그 이상은 아무것도 필요가 없다." 이것은 철저히 실존주의적 삶 이해에 근거한 설명이다.

본래 갈매기들은 회의에서 결정된 일에는 어떤 항의를 하는 법이 결코 없었음에도 그 말을 듣고서 조나단은 참을 수가 없어서 이렇게 외쳤다.

> 삶의 의미와 보다 높은 목적을 찾고, 추구하는 것이야말로 가장 책임감 있는 갈매기가 아닙니까? 어째서 그것이 아무짝에도 쓸모없는 일입니까? 수천 년 동안 우리는 생선 대가리나 쫓아다니며 살아왔습니다. 하지만 이제는 삶의 의미를 찾아야 할 때입니다. 배우고 알아내고 자유로워지기 위해서 말입니다. 제게 한 번만 기회를 주십시오. 그러면 제가 알아낸 것을 보여 드리겠습니다.

그러나 회의에 참석한 갈매기들은 들은 척도 하지 않고 "동료애는 깨어졌다"라고 소리치면서 조나단에게 등을 돌렸다. 결국 조나단은 외톨이가 되고 말았고 먼 낭떠러지 너머까지 날아가 혼자 있게 되었다.

갈매기 조나단에게 더 높이 그리고 더 멀리 나는 것은 꿈이었으나 조나단이 그렇게 날려고 했던 것은 그 이상의 것이 있었기 때문이다. 바로 갈매기의 삶에서 의미와 목적을 추구하는 것이었다. 조나단은 생선 대가리나 쫓아다니면서 살아가는 저차원의 삶이 아니라 존재의 깊은 의미와 고상한 목적을 추구하고 성취하는 고차원의 삶을 원했다. 그래서 동료 갈매기들이 알아주지 않아도 자신이 먼저 그런 삶을 추구하고 실행에 옮긴 것이다.

조나단에게서 보듯이 의미와 목적을 추구하는 삶은 사람들 대부분이 현실 속에서 자기 만족적인 삶을 살아갈 때 그것을 초월해서 그 이상의 삶을 살아가도록 이끌어주는 동인이다. 실제로 그런 삶을 추구해야만 현실의 삶이 어떠하든 앞으로 조금이나마 삶이 달라지고 나아질 수 있다.

따라서 앞으로의 인생길에서 지금까지보다 더 낫고 다른 삶을 추구하며 살고 싶다면 무엇보다도 먼저 자기 삶의 의미와 목적을 점검하는 게 필요하다. 그것이 이전과 다른 삶을 사는 출발점이기 때문이다.

<생각의 거리를 걷다>

어제는
문득 생각이 멈추어 섰다.
덩달아 분주하게 오가던 발걸음
피곤이 쌓인 듯
쉼을 찾아 주변을 두리번거렸다.

나는 그냥 상념의 바다에서
돛대 하나 달고 유유히 거니는
작은 배 그 위에 몸을 실었다.

그리고 불어오는 바람 따라
마냥 떠다니다가
스쳐 가는 갈매기의 날갯짓에
한동안 눈길을 주고는
현실에 다시 몸을 내렸다.

잠시 멈췄던 생각
다시금 지피고
걷던 길 다시 걸었다.
발걸음도 다시 분주해졌다.

5. 그게 진정 원하는 것이라면 일관되게 하라

우리는 사회적인 존재라서 이 세상을 홀로 살아갈 수 없다. 비록 홀로 있을 때도 우리는 다른 사람들과 더불어 살아가는 존재이다. 우리는 개인적으로는 독립적인 삶을 살아가면서도 사회적으로는 의존적인 삶을 살아갈 수밖에 없다.

우리가 사회 속에서 다른 사람들과 함께 살아갈 때 우리는 사회적 규범이나 관습을 따르게 된다. 우리는 자라면서 사회화와 문화화의 과정을 통해 그것의 힘과 위력을 경험적으로 알게 된다. 어찌 보면 우리는 어른이 되어갈수록 사회가 만들어 놓은 여러 규범을 더 강하게 의식하게 되는 게 사실이다. 그것을 따르지 않으면 찍히고 거부당하게 되는 일종의 '조직의 쓴맛'이라고나 할까.

이러한 사회적 분위기 속에서 개인은 다른 사람들에게 인정이나 호감을 받고 싶을 때 자신의 신념이나 이상을 버리고 사회가 요구하는 방식으로 자신을 조율하곤 한다. 더욱이 인간에게는 본래 다른 사람들로부터 인정받고 싶은 욕구가 있기에 이런 욕구가 사회적 인식과 용인의 문제와 결합하게 되면 우리는 자기 자신이 꿈꾸는 삶이 아닌 주변 사회나 다른 사람들이 원하는 방식으로 살아가게 된다.

결국 "우리는 소외당하는 것이 두려워, 자신을 남들과 구별 지어주는 개성을 없애고 만다. 가장 진실한 가치와 이상을 비워낸 다음, 잘 맞지도 않는 다른 것들을 채워 넣는다"(마이클 린버그). 대단히 불행한 현실이다.

조나단 갈매기가 동료 갈매기 무리에서 추방되어 먼 낭떠러지까지 날아가 홀로 지내게 된 것은 바로 그런 연유에서였다. 그러나 조나단이 아쉬워한 것은 '자기가 홀로 되어 외로워져서라기보다는 그들 앞에서 펼쳐질 멋지게 나는 장면을 믿으려고 하지 않은 것'이었다. 그들을 새로운 삶의 세계로 이끌어주고 싶었으나 그들이 받아들이지 않은 것에 대해 애석함이 있었다. 그러나 어쩌랴! 아무리 좋은 것이라고 해도 자기가 하기 싫으면 그만인 것을.

조나단은 갈매기 무리에서 추방되어 홀로 남게 되었을 때도 나는 연습을 멈출 수가 없었다. 조나단에게는 나는 것이 꿈이고 다른 갈매기들과는 달리 생의 의미와 목적을 추구하는 강한 의지가 있었기 때문이다. 그렇게 하면서 날마다 더 많은 걸 배우게 되었다. 날다가 수면에서 물고기를 잡는 법, 공중에서 잠자는 법, 부는 바람을 타고 멀리까지 날아가는 법, 내륙에서 곤충들을 잡는 법 등을 배웠다.

본래는 '갈매기 무리 전체가 그렇게 되기를 바랐으나 실제로는 자기 혼자만이 얻게 된 것'이다. 그 모든 것이 조나단 자신의 부단한 노력을 통해 자유롭게 나는 법을 배운 결과였다. 그러한 조나단의 마음에 다른 갈매기들은 절대로 이해할 수 없고 느낄 수도 없는 커다란 기쁨과 행복감이 찾아들지 않을 수 없었다.

미셸 드 몽테뉴는 "이 세상에서 가장 중요한 것은 자기 자신이 되는 방법을 아는 것이다"라는 말을 했는데, 조나단은 무엇보다도 홀로 연습하면서 자기 자신이 되는 법을 배웠다. 그래서 꿈을 찾아 나섰다가 동료 갈매기들에게 버림을 받아 홀로 남겨졌을 때 자신을 잃어버리지 않고 꿈을 찾아가는 발걸음을 이어갈 수 있었다.

온전히 자기 자신이 되지 않고서는 그리고 홀로 서지 않고서는 사회 속에서 풍조에 흔들림 없이 견고하게 설 수 없다. 그래서 살아가면서 자기 자신이 되는 법을 배우는 것이 무엇보다도 중요하다. 자기가 처한 상황에 상관없이 꿈을 꾸면서 꿋꿋이 자기 길을 가는 조나단에게서 그러한 삶의 필요성과 중요성을 확실하게 배우게 된다.

<석양을 걷는 마음에 담기는 호수의 정취>

어둠이 가만히 내리는 호수는
늘 그렇듯이 아름다운 석양의 노을로 인해
더욱 아름답다.

잔잔한 호수를 붉게 물들이며
서산 너머로 소리 없이 져 가는 해를
그대로 품는 저녁 호수의 풍경은
그 자체로 한 폭의 그림이다.

호숫가의 근사한 찻집에 앉아
감미로운 음악에 커피 한 잔을 곁들여
그 광경을 바라보는 마음은
그 자체가 하늘의 평화다.

내일 다시 뜨기 위해
또 하루 그렇게 아름답게 져 가는
석양의 해를 담는 호수 그 주변을
자유롭고 한가롭게 거니는 사람들 사이에서
잠시 모든 것을 잊고 자유롭게 거닐었다.
아주 자유로운 영혼으로 걸었다.

어둠이 조금 더 짙게 내리면서
푸르던 호수는 짙은 남색 호수가 되고
잔잔하게 물결치는 짙은 남색 잔파도는
저 멀리서 비춰오는 불빛 가닥들을
끊임없이 밤하늘 별들에게 떠나보냈다.

낮에 호수 위를 날아다니던 갈매기들이
피곤한 날개를 쉬게 하려는 듯
어둠이 내린 호수에 떠 있는 갑판 위에
줄지어 빼곡하게 앉아 쉬고 있었다.

거닐던 발걸음 잠시 멈추고
평온한 마음으로 호수를 바라보는데
어둠 속에서 파도가 한 물결 두 물결
계속해서 내 안으로 부드럽게 밀려왔다.
서서히 마음이 호수처럼 울렁였다.

내게 평화롭고 잔잔한 호수는
늘 어머니의 포근한 품 같다.
지친 마음에 쉼과 위로다.
그래서 오늘도 호수를 만났다.

6. 한 길을 걷다 보면 도움이 되는 길동무도 만나게 된다

개인적인 능력이나 지원 상황에 따라 다를 수 있겠으나 삶에 꿈을 담고 그것의 성취를 위해 오롯이 자기의 길을 걸어가는 것은 누구에게나 쉽지 않다. 남들이 많이 가지 않는 길을 가거나 개척자로서의 길을 갈 때는 더욱 그렇다.

그렇게 무언가를 진행해갈 때 심적으로 힘이 드는 것은 외롭고 고독한 느낌이 들어서도 그렇지만 무엇보다도 '혼자'라는 생각 때문일 때가 많다. 분명히 '나만 홀로'라는 생각이나 느낌은 유쾌하거나 즐거운 경험이 결코 아니다.

그런데 그런 가운데에서도 무언가를 열심히 하면서 포기하지 않고 꾸준히 자기의 길을 가다 보면 깨닫게 되는 것이 있다. 자기 홀로 그 길을 걷는 것 같으나 어딘가에서는 같은 것을 꿈꾸며 자기처럼 인생길을 걷는 사람이 있다는 것이다. 그들은 종종 자기의 경쟁자가 되기도 하나 가는 길에서 힘이나 위로가 되어주는 동무가 되기도 한다.

그러한 일이 조나단 갈매기에게도 일어났다. 동료 갈매기 무리를 떠나 날면서 나날을 홀로 지낼 때 동무 갈매기 두 마리를 만나게 된 것이다. 노을이 예쁘게 물든 저녁에 조나단이 그토록 사랑하는 하늘에서 평화롭게 날고 있을 때 뜻밖에 그 곁에 두 마리 갈매기가 나타났다.

특히 그들의 비행술은 조나단보다 훨씬 뛰어났는데 그들은 조나단을 고향으로 데려가서는 거기에서 새로운 것을 가르쳐주기 위해서 조나단과 같은 갈매기들이 있는 곳에서 온 갈매기들이었다. 조나단은 별처럼 빛나는 그들과 함께 새로운 것을 배우기 위해서 새로운 하늘로 떠나게 되었다.

그들을 만나기 전까지 조나단은 자기 혼자서 나는 연습을 통해 많은 것을 배우게 되었고 다른 갈매기들보다 훨씬 더 잘 날 수 있게 되었다. 이런 점에서 조나단은 자수성가 갈매기이다. 그러나 조나단이 원하는 대로 날 수 있기 위해서는 그 이상의 비행 기술이 필요했다.

그러한 때에 우연히도 조나단은 그런 부분에서 자기에게 가르쳐줄 숙련된 갈매기들을 만나게 된 것이다. 말 그대로 선물 같은 만남이었다. 살아가다 보면 우리에게도 자주는 아니더라도 가끔은 이런 일이 일어난다. 그래서 우리도 어떤 일을 할 때 먼저는 스스로 해가는 태도를 지녀야 하나 도움이 필요할 때는 도움을 구하는 게 지혜로운 처사다.

처음부터 끝까지 혼자 힘으로만 하겠다고 고집하는 것은 바람직하지 않다. 항상 배움의 자세를 취하되 때로는 도움을 받으려는 태도를 지니는 게 좋다. 이런 점에서 린버그의 다음의 말은 적절하다. "독립 관계는 의존 관계와 조화를 이루어야 한다. 혼자 서겠다는 욕구는 함께 서겠다는 욕구와 조화를 이루어야 한다." 다른 한편으로 스콧 펙은 이렇게 말한다. "우리는 모두 한 개인으로 태어났다. 우리는 유일무이하고 각기 다른 존재이다. 그러나 우리는 단지 생계나 교제를 위해서가 아니라 우리의 삶에 의미를 주기 위해 서로를 간절히 필요로 한다. 그러하기에 우린 어쩔 수 없는 사회적 존재이다."

뜻이 있는 곳에 길이 있듯이 여정이 있는 곳에 동무가 있게 마련이다. 그래서 홀로 걸어가는 길이 분명 고독하고 외롭다고 느껴지기에 쉬운 일은 아니나 자기의 길을 올곧게 걸어가다 보면 함께할 수 있는 사람이나 도움의 손길을 만나게 되어 있다. 설사 그렇지 못하더라도 자기가 걷는 그 길이 여전히 자기에게 의미가 있고 또 자기 내면 깊은 곳에서 들려오는 소리를 따라 걷는 길이라고 여겨지면 후회가 남지 않도록 어떤 상황에서도 꾸준히 걸어갈 일이다.

누구나 자기가 바라는 인생길을 걷고 그 걸어간 길의 결과는 그것이 아름답든 추하든 좋든 나쁘든 만족스럽든 만족스럽지 못하든 성공이든 실패든 고스란히 자기 인생이다. 자기가 걷고 싶은 길을 꾸준히 걸으면 대단한 열매를 거두지는 못하더라도 최소한 인생의 마지막 지점에서 자기 인생을 뒤돌아보면서 '어렵고 적잖이 힘이 들었어도 중간에 그만두지 않고 끝까지 그 길을 걸을걸!'과 같은 후회나 미련은 남지 않을 것이다. 그것만으로도 오랫동안 그렇게 걸어온 걸음걸음이 귀하지 않을까?

7. 성취의 기쁨 '드디어 내가 해냈어'

인간의 삶을 지속하게 해주는 것들 가운데 기쁨이 있다. 희망이 없는 삶은 지속하기가 어렵듯이 인간의 삶에 크든 작든, 영구적이든(실제로 불완전한 이 세상에서는 불가능한 것이겠지만) 일시적이든, 또는 길든 짧든 기쁨이 없다면 인간은 삶을 지속해 가기가 어렵다. 기쁨은 인간의 감정 세계를 구성하는 필수적인 요소이다.

여러 기쁨 중에 성취의 기쁨이 있다. 인간은 끊임없이 자기 인생에서 무언가를 성취하기를 바라며 산다. 그것이 없다면 그는 외적으로는 살아 있으나 내적으로는 죽은 것이나 다름없다고 말해도 과언은 아닐 것이다. 인간에게는 충족되어야 할 성취의 욕구가 있기 때문이다.

그리고 인간은 무언가를 성취할 때 기쁨을 느낄 뿐 아니라 그것을 계속해서 해가고 싶은 마음도 생긴다. 크고 작은 여러 가지 성취는 자신이 추구하는 최종적인 '자아실현'(아브라함 매슬로우의 다섯 가지 욕구 단계 중 최상위의 욕구)에 이르는 과정적 단계이다.

이러한 점은 조나단 갈매기에게도 있었다. 조나단 갈매기가 무수한 노력과 중단없는 훈련을 통해서 마음먹은 대로 날 수 있게 되었을 때 얻은 것은 무엇보다도 성취의 기쁨이었다. 조나단은 높고도 멀리 나는 꿈을 꾸고는 전심과 전력을 다해 노력할 때 실패와 좌절을 경험하기도 했으나 단계적으로 성취하는 과정을 통해 기쁨을 얻었고 그 이상의 목표를 향해 나아갈 수 있었다.

과정 가운데서 느낀 성취의 기쁨은 조나단이 자기 꿈을 향해 계속 나아가게 하는 동인과 동력이었다. 자기 꿈을 이루기 위해서 노력하는 과정에서 '드디어 내가 해냈어!'라는 자기만족이 없었다면 조나단은 자기 꿈의 성취를 위한 지속적인 진행을 해갈 수 없었을 것이다.

무언가의 성취는 수고의 대가이다. 이 세상에서 그리고 인생에서 저절로 이루어지거나 거저 주어지는 것이란 아무것도 없다. 때론 뜻밖의 선물이나 은혜라고 불리는 것이 주어지기도 하나 그 모든 것은 실천하고 노력하는 과정에서 주어지는 특별한 혜택이고 복이며 손길이다.

성취는 힘든 과정을 마다하지 않고 견디어 낸 뒤에 얻게 되는 값비싼 것이다. 성취에서 오는 기쁨은 그 과정을 거쳐 소귀의 성과를 얻는 사람만이 느끼고 누릴 수 있는 기쁨이다.

좋고 의미 있는 일이라면 무슨 일을 하든지 그 자체로서 귀하다. 그런 것을 시도하는 것은 좋다. 그 시도에는 미래가 담긴다. 포기하지 않고 시도하면 그 끝에는 어떤 형식이나 어떤 모양으로든지 새로운 미래가 열린다. 우리가 기대한 미래가 아니더라도 나름의 미래가 주어진다.

그 과정에서 당연히 밤하늘에 빛나는 별빛같이 마음속 깊은 곳에서 반짝반짝 빛나는 작은 성취의 기쁨들을 느끼게도 된다. 그것들은 궁극적인 성취와 그 기쁨을 위한 발걸음을 멈출 수 없게 만드는 감정적 디딤돌 역할을 하게 된다.

좋고 유익한 일은 절대로 배반하는 일이 없다. 그것은 어떤 내용이나 어떤 방식으로든지 크든 작든 반드시 대가가 주어진다. 때가 되면 그렇게 된다. 믿음의 관점에서 보면 미래는 언제나 하나님의 영역이다. 그래서 "미래는 대체로 현재 하나님의 뜻을 구하고 그것에 순종하는 것에 달려 있다"(폴 레더락)라고 말할 수 있다.

따라서 조나단 갈매기처럼 꿈을 꾸고 그것의 성취를 향해 매일매일 한걸음 또 한걸음 성실하게 걸어가는 사람은 미래가 있고 복된 사람이다. 순간순간마다 과정 과정마다 작은 기쁨과 즐거움을 느끼게도 될 것이나 최종적으로 생의 어느 순간에 크게 기뻐하고 즐거워하게 될 것이다. '드디어 해냈어! 내가 해냈단 말이야! 중간에 힘이 많이 들 때 포기하고 싶은 마음이 들 때도 있었지만 포기하지 않고 끝까지 오기를 참 잘했어!'라고 외치면서.

<추운 부둣가의 따스한 낭만>

겨울의 세찬 바람이
잔잔하던 호수에 물결을 일으킨다.
호수가 바람 따라 넘실넘실 일렁인다.
호수 여기저기에 주름이 잡힌다.

몇몇 갈매기들은 춥지도 않은 듯
평화롭게 창공을 날아다니고
한쪽 얼음 뗏목 위에는
갈매기들이 삼삼오오 무리 지어
한낮의 햇살을 한 모금 두 모금 머금는다.
시린 발바닥을 녹일 만큼 온기가 온몸으로 흐른다.

따스한 양지를 찾아
차가운 양지를 떠난 배들이 남기고 간
한적한 부둣가의 빈자리가
스치는 바람의 차가운 소리를 품는다.

창밖 추운 세상을
창안 찻집의 포근한 기운을 느끼며
물끄러미 내다본다.

찻잔을 쥔 두 손 가득 전해지는 온기에
더욱 따스하게 느껴지는
오래간만의 여유로운 오후의 시간이다.

갑자기 다가온 추위를 피해
나그네처럼 잠시 쉬었다 가는 발길에
따스한 낭만이 깃든다.

8. 우리가 모르는 다른 세상도 있다!

인간의 삶에서 경험은 본질적이다. 경험은 모두 삶을 구성하는 요소가 된다. 사는 것은 경험하는 것이고 경험하는 것은 사는 것이다. 이런 점에서 볼 때 한 인간의 삶은 그의 경험의 총체라고 해도 과언은 아닐 것이다.

특히 경험은 인지 발달과 관련하여 대단히 중요하다. 인간은 많은 경우 감각적 경험을 통해서 지식을 얻는다. 경험은 구체적인 지식을 얻는 방법이고 "저마다의 사물에 대한 지식"(아리스토텔레스)이다. 실용주의 교육학자 존 듀이가 말하는 것처럼, 우리는 행하면서 배운다. 우리는 경험하면서 지식을 얻고 확인받는다.

아리스토텔레스는 이렇게 말했다.

> 사람들은 앎의 즐거움을 원한다. 인간의 지능은 감각에서 기억, 경험, 기술 지식을 거쳐 지혜(이론적 인식·학문·철학)로 나아간다…경험은 학문이나 기술과 거의 같다고 여겨지는데, 사실 학문이나 기술은 경험을 매개로 인간에게 주어진다.

그러나 다른 한편으로 경험은 우리에게 전체적이고 온전한 지식을 제공하지는 못한다. 경험은 우리의 지식을 제한하는 면도 있다. 우리의 경험이 곧 지식의 전 영역은 아니기 때문이다. 우리는 모든 것을 경험할 수 없고 우리의 경험이 모든 것을 의미하는 것도 아니다. 실제로 우리가 경험하지 못하는 것이 우리가 경험하는 것보다 훨씬 많다. 게다가 우리의 경험으로는 다다를 수 없고 이해할 수 없는 지식의 영역도 있다.

사람은 자기 경험을 바탕으로 자기 확신과 신념에 따라 자기 세계 안에서 살아간다. 물리적인 세계에서뿐 아니라 정신적인 세계에서도 그런 방식으로 살아간다. 그런 점에서 물리적인 세계 경험이 정신적인 세계 경험을 제한하기도 한다. 자기 경험과 선입견에 근거하여 자기 세계에 갇혀 사는 사람은 영국의 철학자 프랜시스 베이컨이 말하는 "동굴의 우상"에 갇혀 있는 사람이라고 말할 수 있다.

그러나 사람들 가운데에는 물리 세계 안에서 자기의 경험 세계와 경험적 지식에 갇히지 않고 그것을 넘어서 계속해서 자기를 개방하면서 더 넓고 깊고 높은 형이상학적 세계로 나아가는 사람들도 있다.

갈매기 조나단이 그랬다. 조나단은 자기 세계에 갇히지 않았다. 병아리가 알을 깨고 힘차게 부화하는 것처럼 자기의 경험 세계 밖의 더 넓은 세계를 향하여 꿈틀거리면서 뛰쳐나왔다. 결국 다른 갈매기들이 모르는 다른 세계를 경험하게 되었다. 그것은 그러한 세계로 조나단을 이끌어준 다른 두 인도자 갈매기와 함께 그렇게 되었다.

　조나단은 설리반과 그의 동료 갈매기가 나타나 그를 다른 세계로 이끌어주기 전까지는 자기가 살아가던 바닷가 세계가 전부라고 생각했으나 꿈을 따라 높이 높이 멀리멀리 날게 되면서 더 넓은 세상을 보게 되고 경험하게도 되었다. 그러나 그 세계가 세계의 전부는 아니었다. 그는 설리반과 그의 친구를 통해서 또 다른 세계를 알게 되었다. 그 갈매기들이 새로운 하늘로 조나단을 이끌어주었기 때문이다. 거기에서 조나단은 새로운 모습으로 변신하게 되었다.

　조나단이 가게 된 새로운 세계에는 갈매기가 많지 않았으나 그들에게는 공통점이 있었다. '각자의 삶에서 가장 중요한 것은 자신들이 가장 하고 싶어 하는 일을 완벽하게 해내는 것이었는데, 그것은 바로 나는 일'이라는 것이었다.

　조나단이 설리반에게 '왜 여기에는 우리 같은 갈매기들이 없느냐?'고 물었을 때 설리반은 '너는 백만 마리의 갈매기 중에서 하나 있을까 말까 한 갈매기야. 우리는 대개 오랜 과정을 거쳐서 이곳에 왔다'라고 말하면서 이렇게 덧붙였다. "삶에는 먹거나 싸우거나 무리에서 권력을 얻는 것보다 더 많은 의미가 있다는, 가장 중요한 깨달음을 얻기까지 우리가 얼마나 많은 삶을 살아야 하는지 넌 알기나 하니? 천 번의 삶이야, 조나단. 천 번의 삶!"

　새로운 세계, 새로운 하늘에 있는 갈매기들은 다른 갈매기들과는 달리 조나단처럼 꿈을 품고 그 꿈의 성취를 위해 부단히 애쓰던 갈매기들이었다. 그들은 모두 삶의 여러 의미 중에서 더 넓고 더 깊고 더 높은 의미를 추구하던 갈매기들이었다. 다른 갈매기 무리에는 그런 갈매기들이 많지 않아서 새로운 세계, 새로운 하늘에 갈매기들이 그리 많지 않은 것이었다. 그들에게는 그런 세계가 실제로 있음에도 경험하지 못했기에 경험적으로는 그런 세계가 존재하지 않는 것이었으나 그것을 경험한 소수의 갈매기에게는 부정할 수 없는 경험된 실제 세계였다.

자기 세계가 전부인 것처럼 그것에 갇혀 작은 세계에 만족하며 살면 결국 그 세계는 자기 인생의 정신적 무덤이 된다. 그러나 꿈을 꾸면서 그것을 이루기 위해 노력하면 새로운 세계를 만나게 된다. 더욱이 조나단에게 있어서 설리반처럼 그런 세계로 이끌어줄 누군가, 곧 그 세계를 이미 경험했고 알고 있는 멘토 역할을 해줄 수 있는 누군가를 만나게도 된다.

뜻이 있는 곳에는 길이 있는 것처럼 꿈과 그것의 성취를 추구하는 삶에는 안내자가 있다. 자기 세계에 갇히지 않고 열린 마음으로 그것을 넘어서는 삶을 꿈꾸고 추구하는 사람에게는 새로운 세계, 새로운 하늘이 열린다. 조나단에게 그런 세계가 열린 것처럼!

<날갯짓의 역설>

호수에서 즐겁게 노닐던 갈매기들
그중 한 마리가 날갯짓하면서
창공으로 힘차게 날아올랐다.

창공을 가르는 그 날갯짓이
보면 볼수록 힘찼다.

갈매기는 날갯짓을 힘차게 해야
하늘 높이 날아오를 수 있다.
그래서 높이 날아오르려면
더 많은 힘이 든다.
그만큼 날갯짓을
힘차게 많이 해야 하기 때문이다.
그게 날갯짓의 역설이다.

날갯짓하지 않고
그냥 호수에서 노닐면
그리 힘이 들지 않는다.
그런데 그러면 하늘을 날 수가 없고
높은 곳에서 아래를 바라볼 수가 없다.
낮게 나는 갈매기는 자세히 볼 수 있어도

높이 나는 갈매기만 멀리 볼 수 있다.

적잖이 힘이 들지만
그래도 부단히 날갯짓해야만
높이 올라갈 수 있다.

그렇게 힘차게 날갯짓하면서
창공으로 솟아올라
하늘을 자유롭게 나는 갈매기를 보면서
나도 마음의 날개를 죽 폈다.

그리고는 날갯짓하면서
나도 함께 마음의 창공으로
힘껏 날아올랐다.

높이 높이 자유롭게 날면서 멀리 내다보았다.
저쪽에 그곳이 보였다.
그래서 신선한 바람을 맞으며
다시금 마음을 새롭게 했다.
그런 다음 두 발에 힘을 모으고는
여전히 가야 할 길로
또 한걸음 상큼하게 내디뎠다.

9. 숙련된 전문인의 도움을 받으면 장벽을 극복할 수 있게 된다

　한길을 오롯이 걸으며 한 분야에 오랫동안 종사하면서 연구를 통해 전문적인 지식을 갖추었거나 특정한 기술을 연마한 전문인들을 보면 무척이나 존경스럽다. 그런 사람들의 헌신을 통해 각 분야의 지식과 기술이 깊어 지고 발전하게 되며 그 분야의 많은 사람이 도움을 받게 된다.

　그뿐 아니라 그런 사람들을 통해서 훌륭한 후진들이 양성되고 해당 분야가 더욱 발전하게 된다. 그런 사람들은 그 분야에 없어서는 안 될 소중한 인적 자원이고 같은 길을 걷고자 하는 사람들에게 모범이 되는 보석 같은 존재들이다. 어떤 사람이 그런 사람을 만나 도움을 받게 된다면 그는 아주 특별한 복, 곧 뜻밖의 선물을 받은 것이다.

　제임스 휴스턴은 "멘토는 다른 사람들이 자기들의 삶을 이해하도록 돕는 매우 중요한 역할을 한다"라고 말한다. 이 말을 조금 다르게 적용해서 말하면, 한 분야에 깊이 있는 지식과 오랫동안 쌓인 연륜이 있는 사람은 다른 사람들이 자기들의 꿈을 실현해가도록 돕는 대단히 중요한 역할을 한다.

　조나단 갈매기도 뜻하지 않게 그런 특별한 복을 받게 되었다. 조나단은 설리반과 그의 동료를 따라 간 새로운 세계에서 특별한 멘토를 만났다. 그의 이름은 치앙이다. 그 갈매기는 거기에서 가장 나이가 많았음에도 약해지지 않고 더 강했고 어떤 갈매기보다도 빨리 날 수 있었으며 비행술을 완벽하게 터득한 상태였다. 그는 정말로 놀라운 기술을 습득하고 능력을 지니고 있었는데 머지않아 그다음 세계로 갈 노장 갈매기였다.'

　치앙에게는 날개를 움직이지 않고 생각만으로도 자기가 원하는 곳으로 자유롭게 이동할 수 있는 능력이 있었다. 조나단도 그런 능력을 갖추고 싶어서 치앙에게 그렇게 할 수 있도록 가르쳐 달라고 요청했다. 그때 치앙은 이렇게 말했다. "네가 이미 거기에 가 있다는 것을 아는 것으로부터 시작해야 돼."

　조나단은 매일같이 치앙이 가르쳐준 대로 정신을 집중하여 연습했고 결국에는 그 방법을 터득하여 완전히 다른 해변에 치앙과 함께 서 있을 수 있게 되었다. 치앙은 조나단에게 "너는 해냈어. 조나단!"이라고 말하면서 이렇게 덧붙였다. "네가 하고 있는 일이 뭔지를 알고 있을 때면 언제든지 해낼 수가 있지."

　조나단은 계속된 연습을 통해 놀랄만한 속도로 배워나갔고 '늘 평범한 경험'으로부터 빠르게 배웠는데 결국 치앙의 특별한 제자가 되었다. 치앙은 사라져 버리는 날이 왔을 때 거기에 있는 갈매기들 모두에게 "배우고 연습하고 모든 삶의 보이지 않는 완전한 원칙들을 더 잘 이해할 수 있도록 계속 노력하라"라고 간곡하면서도 조용히 당부하면서 조나단에게 "조나단! 사랑하려고 계속 노력해라"라는 마지막 말을 남긴 뒤 사라져버렸다.

치앙이 갈매기들 모두에게 당부한 말인 "배우고 연습하고 삶의 원칙들을 더 잘 이해할 수 있도록 계속 노력하라"라는 말은 치앙 자신이 실천해 온 것이다. 그것은 자기 자신의 삶과 경험을 바탕으로 한 말이다. 그래서 더욱 의미와 가치가 있다.

어떤 일을 계획하고 진행하다 보면 어느 순간 한계에 다다르거나 큰 장벽을 만나게 된다. 자기 힘이나 지식이나 능력으로는 어찌할 수 없는 그런 상황에 이르게 된다. 그때 더욱 필요한 존재가 바로 좋은 스승이다. 꼭 유명하거나 위대한 사람이 아니더라도 자기에게 길과 방법을 알려주고 제시해 줄 수 있는 사람은 모두 스승이다.

누군가의 도움을 받는 것은 나쁘지도 수치스럽지도 않다. 특히 무언가를 배울 때는 더욱 그렇다. 자기보다 능력이 많거나 자기 분야에서 숙련된 전문인의 도움을 받는 것은 현명한 처사다. 더욱이 어떤 일을 할 때 제대로 깊이 있게 배우고 싶다면 처음부터 그런 사람을 찾아 나서는 것도 좋은 방법이다. 그리고 후에 그런 사람처럼 되어서 누군가 도움이 필요할 때 도와주고 이끌어주면 된다. 나중에 조나단도 그런 역할을 한다. 그것이 가르침과 배움, 배움과 가르침의 상호 작용이다.

10. 하늘과 땅을 모두 품고 살고 싶다

　인간은 하늘과 땅 사이에서 존재하고 살아간다. 발은 땅에 딛고 사나 머리는 하늘을 향해서 산다. 이것은 두 가지 상징적 의미를 지닌다. 인간은 땅이라는 현실에서 살면서도 하늘이라는 이상을 품고 살게 된다는 것이다. 그래서 땅에 살면서도 하늘을 보아야 하고 하늘을 보면서도 땅을 중시해야 한다.

　이런 점에서 인간의 삶이 건전하고 정신적으로 건강하게 영위되려면 인간 존재의 두 가지 차원, 곧 이상과 현실, 이론과 실제가 함께 고려되고 균형을 맞춰야 한다. 그렇게 할 때 인간은 모두 이상과 현실을 포용하고 이론과 실제를 적절하게 조합하면서 무기력하거나 허무하지 않고 활력 있게 살아가게 된다.

　인간이 이상만 추구하고 살면 비현실적이 되고 반대로 현실만 생각하고 살면 현실에 매몰되고 만다. 마찬가지로 인간이 이론만 따지고 살면 실제를 무시하게 되고 실제만 생각하고 살면 근본 원리를 상실하게 된다. 이렇듯 인간은 이상과 현실, 이론과 실제 둘 다를 존중하면서 적절하게 균형을 맞춰 살아가야 잘 살 수 있게 된다.

그렇게 살아갈 때 우리는 하고 싶은 일과 해야 할 일을 모두 하면서 살게 된다. 하고 싶은 일만 하면서 살 수도 없고 해야 할 일만 하고서 살 수도 없다. 그 두 가지를 동시에 고려하고 실행하면서 살아야 한다. 그것이 바람직한 삶이라고 여겨진다.

인간의 삶의 이러한 특성은 갈매기 조나단에게도 있었다. 조나단은 새로운 세계, 새로운 하늘에서 더 빠르고 자유롭게 나는 것을 배우고 또 배운 것을 누리면서 지내게 되었다. 그러다가 갑자기 자기가 떠나온 고향이 그리워졌다.

모래밭에 서서 이렇게 생각했다. "거기에도 한계를 뛰어넘으려고 애쓰는, 고깃배에서 던져지는 빵 부스러기를 얻으러 가는 것보다 더 먼 거리를 나는 일의 의미를 알려고 애쓰는 갈매기가 있을 거야. 어쩌면 지상에도 다른 갈매기들 앞에서 진실을 말하다가 쫓겨난 갈매기가 하나쯤은 있을 거야."

노장 갈매기 치앙이 자신에게 가르쳐주었던 사랑과 친절에 대해 생각하면서 그것의 본질을 알려고 할수록 더 고향으로 돌아가고 싶어졌다. 그곳에서 힘들고 외로웠기는 했으나 가야 한다고 생각했다. 자신은 다른 갈매기들을 가르치기 위해서 태어났다고 생각했기 때문이다.

그래서 조나단은 설리반에게 그런 마음을 전했는데 그때 설리반은 조나단이 이미 쫓겨난 새이기에 돌아가더라도 전에 살던 세상 갈매기들이 조나단의 말에 귀를 기울이지 않을 것이라고 반대했다. 더욱이 "가장 높이 나는 갈매기가 가장 멀리 본다"라는 말은 진실이라고 말하면서 조나단이 하는 말을 알아들을 수 있는 새로운 갈매기들이나 가르치고 도와주라고 했다.

조나단은 그 말이 일리가 있다고 여겨졌고 그래서 그곳에 그대로 남아서 자기처럼 새로 들어온 갈매기들을 가르쳤다. 조나단은 한동안 그렇게 지냈으나 하늘 아래 자기가 있었던 곳으로 돌아가고 싶은 마음을 떨쳐버릴 수가 없었다. 땅 위에도 배울 수 있는 갈매기들이 한둘은 있을 것이라고 생각했다.

그래서 조나단은 다시 설리반에게 자기의 마음을 전했는데 설리반은 한숨을 쉬면서도 더 이상 반대하지 않고 흔쾌히 이별을 고했다. 조나단은 그때까지 배운 시간과 공간을 극복하는 방법을 사용하여 머릿속으로 다른 시간의 다른 바닷가에 수많은 갈매기가 모여 있는 장면을 떠올렸다. 그동안의 연습 덕분에 아무것에도 구애받지 않고 자기가 생각한 대로 고향 바닷가에 이르게 되었다.

우리가 어떤 일을 할 때 어느 정도 수준에 이르고 업적을 성취하여 안정을 이루게 되면 많은 경우 현실에 안주하려는 경향이 있다. 지극히 당연하다고 여겨진다. 그러나 때로는 또 다른 이유나 목적이나 꿈을 가지고 어려움을 감내하고 그런 자리를 박차고 나와서 새로운 세계로 모험을 강행하는 사람들도 있다.

더욱이 자신에게 외적인 보상이나 유익이 되지 않음에도 누군가의 유익을 위해 헌신하는 사람들도 있다. 그런 사람들은 아름다운 마음을 지녔다. 그런 사람들을 통해서 사회의 어느 부분에서는 밝아지고 진보한다. 그런 사람들이 많아지면 많아질수록 더욱 그렇게 된다. 조나단 갈매기처럼!

<우리의 푸르른 보통날들>

잠시 머물다가 떠나가는
마음속 생각의 틈 사이로
푸르게 스치는 꿈의 농도가
화창한 날의 눈 부신 햇살보다
더 진하다.

하늘 향해 힘껏 포효하는
갈매기의 작은 입이
하늘을 전부 삼키고도 남을 만큼
성난 파도의 몸짓보다
더 강렬하다.

두꺼운 나뭇가지 껍데기 사이로
하나둘 비집고 나오는
새싹의 역동적인 몸놀림이
추운 날 대지로 몰아치는 바람보다
더 세차다.

우리의 보통날들
그 많은 날은 어느 특별한 날들보다

더 위대하다.

그 보통날들의 하루하루를
유일하게 사는 것이
푸르른 내일을 위한 지름길이다.

보통날들에 특별한 날이 담긴다.
보통날이 삶 속에서 특별한 날이 된다.
오늘 하루도 그 보통날을 푸르게 산다.

11. 배움이 필요한 누군가에게 가르침이 되는 삶

우리는 살아가면서 계속해서 무언가 새로운 것을 배우게 된다. 사는 것은 곧 배우는 것이다. 삶은 배움의 연속적인 과정이다. 항상 배움, 그것이 인간의 필연적인 실존적 경험이고 운명이다. 그래서 우리는 죽은 뒤에야 배움을 멈추게 된다.

지식은 삶의 토대이다. 제대로 알아야 제대로 살 수 있다. 그래서 배움의 과정에서 '무엇을 배우는가'(배움의 내용)가 대단히 중요하다. 배울 때 배움의 종류, 지식의 종류를 구분할 필요가 있다. 배움에도 우선순위와 내용 구별이 필요한 것이다.

배움이 있다는 것은 가르침이 있다는 것이다. 그런 이유로 좋은 배움을 가지려면 좋은 가르침을 받아야 한다. 배우는 사람이 잘 가르치는 사람을 만나는 것은 큰 복이다. 반대로 가르치는 사람이 제대로 배우려는 사람을 만나는 것도 복이다. 스승과 제자, 제자와 스승, 배움과 가르침, 가르침과 배움은 철저히 상호적이기 때문이다.

가르침과 배움의 관점에서 볼 때, 성공적인 교육은 가르치는 사람의 잘 갖추어진 지식과 철저한 준비뿐만 아니라 배우는 사람의 배우려는 의지와 열정 그리고 마음의 태도에 달려 있다. 특히 배움이 제대로 이루어지려면 배우려는 사람에게 '엄격함'과 '진지함'이라는 두 요소가 있어야 한다. 엄격한 탐구와 진지한 탐구가 배움을 열매 있게 하고 지식을 제대로 갖추게 한다.

사람은 엄격한 탐구의 과정을 거쳐야, 곧 바르고 철저하게 배워야 그 지식이 오래 가고 자신에게 영향을 줄 수 있다. 사람은 또한 진지한 탐구의 과정을 거쳐야, 곧 성실하고 꾸준하게 열심히 배워야 그것이 자기 안에 확고한 지식으로 자리를 잡을 수 있게 된다. 같은 시간을 투자하고 같은 과정을 거쳤는데도 배우는 사람에 따라 많은 차이가 나는 데는 분명 이러한 이유가 크게 작용할 것이다.

조나단 갈매기는 고향 바닷가로 돌아가는 중에 전에 자기와 같던 어린 갈매기 하나를 만나게 된다. 그 갈매기의 이름은 플레처 린드였다. 어린 갈매기 린드는 재미 삼아 우두머리 갈매기 주위에서 한 차례 연속 회전을 했다는 이유로 동료 갈매기 무리로부터 쫓겨나 홀로 떨어져 있게 되었다. 린드는 그때까지 어떤 무리의 새도 자기처럼 가혹하고도 부당한 대우를 받은 것이 없다고 생각했다.

린드는 아주 빠르게 날면서 이렇게 생각했다. '그 새들이 뭐라고 하건 난 상관하지 않겠어. 나에게는 나는 일이 그저 이곳저곳으로 날개를 퍼덕이면서 돌아다니는 것보다 훨씬 더 많은 의미가 있단 말이야. 그 갈매기들은 정말로 나는 법을 배웠을 때 그 영광이 어떨지를 생각하지 않는 걸까?'

린드가 그렇게 불평하고 있을 때 그의 머릿속에서 어떤 목소리가 들려왔다. "그 갈매기들을 탓하지 말아라, 플레처 린드. 너를 쫓아냄으로써 다른 갈매기들은 마음을 상했을 뿐이고 언젠가는 그것을 알게 될 테니까. 그리고 언젠가는 네가 누구인지도 알게 될 거고."

이전에 그렇게 가혹하고 부당한 대우를 받은 적이 있는 조나단이 자신과 같은 처지에서 날고 있던 린드의 곁에서 이 세상에서 가장 눈부신 모습으로 조용히 말을 걸어온 것이다. 조나단은 플레처 린드가 거의 최고 속력으로 날고 있는데도 전혀 힘들이지 않고 유유히 날면서 이렇게 말했다. "플레처 린드야, 날고 싶지 않니?"

그런 다음에 린드의 "예, 날고 싶어요!"라는 말을 듣고는 이렇게 말했다. "플레처 린드야, 너는 다른 갈매기들을 용서하기 바란다. 그리고 내게 배운 뒤 어느 날엔가는 그 갈매기들에게로 돌아가서 알려 줄 수 있을 만큼 날기를 원하니?"

그러하다라고 대답하는 린드에게 조나단은 나는 법을 가르치기 시작했다. 린드는 나는 법을 거의 완벽에 가까울 정도로 배우고 있었는데 린드에게는 나는 법을 배우고자 하는 열망이 불타고 있었기 때문이다. 배움에 대한 열망과 열정이 린드로 하여금 날기에서 진보를 이루게 해주었다.

당연하게도 배움의 과정에서 린드는 좌절을 경험했다. 수직으로 빠르게 위로 올라가다가 속도를 잃어버렸을 때 실패했다는 분노와 좌절감에 포기하고 싶은 마음이 들었다. "선생님은 제게 시간을 낭비하고 있습니다! 저는 지독한 바보, 멍청이라구요! 아무리 하고 또 하더라도 절대로 해낼 수가 없을 거예요!"

그렇게 말하는 린드를 내려다보면서 조나단은 고개를 끄덕이고는 나무라기보다는 어떻게 날면 성공할 수 있는지를 차분히 설명해주었다. 그런 다음에 린드와 짝을 지어 함께 날면서 린드가 제대로 날 수 있도록 하나씩 하나씩 가르쳐주었다.

조나단과 린드의 만남은 운명과도 같은 것이었다. 린드에게 조나단과의 만남은 일종의 선물 같은 것이었다. 조나단이 더 잘 날 수 있기를 바랄 때 스승 치앙을 만나 진보를 이룬 것 같이 린드에게 조나단은 그런 존재였다. 다른 한편으로 조나단은 고향 바닷가에서 자기와 같은 갈매기를 가르치고 싶어 했는데 린드를 만나서 잘 날 수 있도록 도울 수 있었기 때문이다.

조나단은 자기처럼 나는 것에서 생의 의미를 느끼고 더 잘 날기를 열망하면서 배우는 것에 열중하는 린드에게 잘 날 수 있게 가르침으로써 가르침이 되는 삶의 한 모범을 제공한다. 배움이 필요한 누군가에게 가르침이 되는 그런 삶은 참으로 아름답고 복되다. 인생에서 그런 만남을 가지는 것은 배우는 이에게도 가르치는 이에게도 진정으로 고귀한 선물이다.

<생활 세계>

3월의 하순을 향해 가는 때에
갑자기 기온이 내려가더니
순식간에 바람이 세차게 불고
눈까지 많이 내렸다.

거기 호수도 그랬다.
바람이 세차게 부니
오늘은 파도가 거칠게 일었다.

눈송이까지 날리니
봄의 길목에서
시간의 걸음이 다시금 겨울로
뒷걸음질 치는 것 같았다.

호수에 삶의 터전을 두고
먹거리를 구하며 살아가는
많은 갈매기는 이런 날씨에도
세찬 바람에 날개를 죽 펴서 얹고는
자유롭게 하늘을 날다가 앉았다가
앉았다가 다시 날다가 하면서
여전히 호수에서 노닐고 있었다.

그곳이 그들의 생활 세계이기 때문이다.

그들은 해가 뜨나 구름이 끼나
비가 오나 눈이 오나 사시사철
그렇게 자기들 생활 세계에서
일상을 살아가고 있다.

세차게 부는 바람 따라
눈보라가 거칠게 휘날리는
호숫가 나무 곁에 서서는
그들의 생활 세계를 보면서
나의 생활 세계를 생각한다.

그들의 일상을 보면서
나의 일상을 생각한다.

다시금 생활 세계의 항상성을 깨닫는다.
나도 갈매기들처럼 항상 그렇게
나의 생활 세계를 살아야 한다.

12. 표면적 지식, 이면적 지식

 뜻을 정하고 마음을 모아서 무언가를 배우는 것은 좋을 뿐만 아니라 희망 있는 움직임이다. 그것은 현재에서 미래를 품는 것이기 때문이다(미래는 어느 정도 현재에 하기 나름이다). 더욱이 그것에 맞는 방법을 사용하면서 배우게 되면 그만큼 더 효율적이고 유익하다.
 이런 점에서 우리가 무언가를 배울 때 그 자체를 배우는 것이 중요하나 그것의 원리나 이면을 이해하면서 배우게 되면 시간이 더 걸리더라도 더 효율적이고 배운 것에 대한 기억이 오래 지속될 수 있다. 어떤 것을 그냥 무작정 수용하거나 외우기보다는 그것의 이유나 방법을 고려하면서 배우는 것이 지혜로울 수 있다.
 물론 어떤 지식은 그저 단순하게 외우는 게 나을 수도 있다. 그런 특성이 있는 지식도 있다. 그런 지식은 그렇게 하면 된다. 그러나 무엇을 배우든지 배움에서 원리를 이해하는 것은 중요하다. 조나단은 이런 점을 경험과 배움을 통해서 알게 되었고 그것을 자기 제자들에게 그대로 알려주고 싶었다.
 조나단은 새로 만난 제자 플레처 린드에게 자유롭게 나는 법을 꾸준하게 가르쳤고 석 달쯤 지났을 때 여섯 마리의 제자 갈매기들이 생겼다. 그들은 모두 조나단과 린드처럼 자기 갈매기들 무리에서 쫓겨난 버림받은 갈매기들이었고 그저 나는 것에서 오는 즐거움 때문에 조나단에게 온 것이다.

특히 그들은 특별하고 새로운 비행에 흥미를 지니고 있었기 때문에 게으름을 피우지 않고 열심히 배웠다. 그들은 연습하는 것을 좋아했을 뿐만 아니라 연습하면 할수록 빠르게 날 수 있었고 배움에 대한 열망도 충족을 받을 수 있었기 때문이다.

반면에 조나단은 그들에게 어려운 비행술을 가르치는 것에도 관심이 있었으나 그것과 함께 더 근본적이고도 심층적인 것을 가르쳐주기를 원했다.

그래서 조나단은 저녁마다 바닷가에서 제자들에게 이런 말을 하곤 했다. "우리들 각자는 사실상 위대한 갈매기, 무한히 자유로운 갈매기이다." "그리고 정확한 비행은 우리의 참된 마음을 표현하는 첫걸음이다. 우리를 제한하는 모든 것들을 무시해야만 한다. 그것이 바로 우리가 이 모든 고속 비행, 저속 비행 그리고 곡예비행을 연습하는 이유다.…"

어떤 때는 이런 말을 하기도 했다. "너희들의 온몸은 날개 끝에서 끝까지…너희들이 볼 수 있는 형태에는 너희들의 생각 그 자체일 뿐이다. 너희들의 생각이라는 사슬을 끊어버리고, 너희들의 몸이라는 사슬도 끊어버려라.…"

그러나 배우는 제자 갈매기들은 낮 동안의 연습에 지쳐서 잠이 들곤 했고 나는 일 뒤에 있는 숨은 뜻을 이해하기보다는 어려운 비행술을 연습하는 편이 훨씬 쉬웠다. 그래서 조나단이 어떤 말을 하든 다른 갈매기들에게는 그저 재미있는 옛날이야기처럼 들렸다. 그들에게는 이해하기 어려운 이야기보다는 현실적으로 잠이 더 필요하고 좋았다.

아무리 좋거나 필요한 것이라고 하더라도 배울 필요를 느끼지 못하거나 관심이 없는 이들에게 가르치는 것은 대단히 어려운 일이다. 교육행위가 성과가 있으려면 가르치는 사람과 배우는 사람 사이에 적절하고도 책임 있는 상호작용이 있어야 한다. 그런데 그것이 그렇게 쉽지만은 않다. 참 어려운 일이다.

조나단이 제자들에게 가르치려고 했던 '생각으로 나는 것'은 조나단에게는 경험 세계였고 그래서 쉽지는 않지만 가능한 것이었다. 그러나 제자들에게는 전혀 경험해 보지 못한 미지의 세계였고 불가능하게 여겨지는 것이었다.

그래서 조나단에게는 그것이 기본적인 지식으로 여겨졌을지라도 제자들에게는 도달하기 어려운 전문적인 지식이었다. 아마도 조나단이 너희들은 제법 날 줄 알면서 '이런 기본적인 것도 몰라?'라고 말한다면 그들은 '뭔 소리래?'라고 반문했을 것 같다.

한 가지 분명한 것은 우리의 경험 세계 밖에도 지식의 세계가 있다는 것이다. 우리의 경험적 지식이 지식의 범위 전체가 아니라는 것이다. 그래서 배움에는 자신이 모르는 것에 대해 배우려는 겸손한 태도가 늘 중요하다. 배움의 세계, 지식의 세계는 부족함을 느끼면서 겸손하게 계속해서 탐구하고 노력할 때 열리게 된다.

지식은 탐구하여 습득하는 자의 것이다. 조나단의 제자들에게 있어서 조나단은 그들이 경험하지 못한 지식 세계의 실제적인 증

거였다. 그래서 그들이 아직 경험하지 못하고 이르지 못한 세계이나 스승 조나단의 가르침을 따라 배우다 보면 언젠가는 그들도 경험하고 도달하게 될 세계이다. 그때 그들도 그 지식을 경험적으로 갖게 될 것이다.

13. 배움의 한 가지 중요한 법칙-배우다 보면 깨닫게 된다

　무엇을 하든지 일관되게 꾸준히 하기란 쉽지 않다. 어떤 일을 하든 금방 성과가 나지 않을뿐더러 일이란 게 어느 정도 성과를 내려면 일정한 과정을 거쳐야 하고 적잖은 시간과 노력이 필요하기 때문이다. 그리고 그 과정에서 하는 일이 계획하는 대로 잘 되기만 하는 것이 아니라 실패도 뒤따르기 때문이다.

　그렇지만 어떤 상황에서도 포기하지 않고 꾸준하게 밀고 나가다 보면 언젠가 어떤 형태로든 그동안의 노력에 대한 보상과 대가를 받게 되는 때가 오기 마련이다. 이런 점에서 사도 바울의 말인 "우리가 선을 행하되 낙심하지 말지니 포기하지 아니하면 때가 이르매 거두리라"(갈 6:9)라는 조언은 그 경우에도 적용된다고 말할 수 있다.

　그리고 이러한 점은 가르침과 배움에도 그대로 적용된다. 무언가를 배우려고 할 때 곧바로 되지 않는다. 하나의 일반적인 정보나 기술이 자기가 원하는 대로 사용할 수 있는 개인적인 지식이나 기술이 되려면 시간과 노력을 들여 그 정보나 기술과 개인적으로 씨름하면서 습득하고 내면화해야 한다. 그래야 자기의 것이 될 수 있다. 이것이 정확히 조나단 갈매기가 했던 것이고 자신에게서 배우는 제자 갈매기들에게 행했던 방법이다.

조나단 갈매기가 자기에게 생긴 일곱 제자에게 나는 법을 가르친 지 한 달쯤 지났을 때 자기가 떠나온 갈매기 무리에게 돌아가기로 결심했다. 그리고는 돌아갈 때가 되었다고 그 제자들에게 말했다. 그러나 배우는 갈매기들은 두 가지 이유로 이의를 제기했다. 자기들은 아직 나는 법을 다 배우지 못했다는 것과 갈매기 무리에서 한 번 쫓겨나면 다시는 자기들이 쫓겨난 곳으로 돌아갈 수 없고 받아들여지지도 않는다는 것이었다.

그러나 조나단은 "우리는 우리가 원하는 곳에 마음대로 갈 자유가 있다. 또 우리가 있고 싶은 곳에 마음대로 있을 자유가 있다"라고 말하면서 무리가 모여 있는 고향을 향해 날기 시작했다. 그러나 배우는 갈매기들은 잠시 동요하면서 '쫓겨난 갈매기는 절대로 돌아올 수 없다는 것이 갈매기 무리의 법률이고 그것은 1만 년 동안 단 한 번도 깨진 것이 없다'라는 이유로 망설였다.

그러다가 자기들은 이미 쫓겨난 갈매기들이라서 그 무리의 일원이 아니기에 굳이 그 법률을 따를 필요가 없고 싸움이 벌어진다면 여기보다는 거기에 있는 게 더 도움이 될 거라는 결론에 이르러 조나단을 따라나섰다. 그래서 여덟 마리의 갈매기 무리가 함께 힘차고도 빠르게 비행하면서 고향 바닷가로 향했다. 그리고 얼마 후 갈매기 무리가 모여 있는 회의 장소인 해변에 도착했다.

그곳에 모여 있던 갈매기들의 8천 개의 눈이 전부 그들에게 쏠렸고 '저 새들은 쫓겨난 갈매기들인데 그들이 돌아온 것은 있을 수 없는 일이야!'라는 말이 흘러나왔지만 '어디서 저렇게 나는 법을 배웠는지'라고 궁금해하는 갈매기도 있었다. 그때 한동안 침묵을 지키던 우두머리 갈매기가 그들을 무시하라고 말하면서 '만일 쫓겨난 갈매기들과 말하는 갈매기는 같은 꼴을 당하게 될 것이고 그들을 쳐다보는 것만으로도 우리의 법률을 깨는 게 되는 것'이라고 경고했다.

그래서 그들은 조나단과 배우는 갈매기들을 외면했고 조나단과 제자들도 그들에게 개의하지 않고 그들 위 하늘에서 나는 연습에 몰두했다. 조나단은 배우는 갈매기들에게 최대한의 능력을 발휘하도록 몰아댔다. 그 덕분에 제자 갈매기들은 스스로 생각하기에도 놀랄 정도로 나는 것에서의 진보를 이루게 되었다.

조나단은 제자 갈매기들에게 좋고 모범적인 선생이었다. 왜냐하면 조나단은 밤이건 낮이건 날씨가 좋건 구름이 끼건 상관없이 그들과 함께하고 함께 날면서 배우는 갈매기들 하나하나에 직접 시범을 보이면서 가르쳐주었기 때문이다.

그런 과정을 통해서 그 갈매기들은 스승 갈매기 조나단의 말에 좀 더 진지하게 그리고 열심히 귀를 기울이게 되었다. 그전에는 조나단의 말이 이해할 수 없는 비현실적인 생각이라고 여겨졌으나 이제는 알아들을 수 있는, 경험에서 나오는 아주 실제적이고 멋지고 훌륭한 이야기였다. 제자 갈매기들도 어느 정도 수준에 이르렀기 때문에 배움의 의미와 가치를 알게 된 것이다. 그 모든 것은 스승 갈매기의 훌륭한 가르침과 제자 갈매기들의 충실한 배움의 합작품이자 결과였다.

훌륭한 스승 밑에서 훌륭한 제자가 나올 가능성이 높고 훌륭한 스승의 가르침은 배움에 엄격하고도 진지한 태도로 임하는 제자들을 통해서 빛을 발할 수 있게 된다. 우리는 그것을 갈매기 조나단과 배우는 제자들에게서 보게 된다. 그들은 하나의 모범이다. 가르침과 배움이 의미 있는 결과를 창출하려면 그래야 한다.

<그래서 더 꽉>

서 있는 게 약간은 힘이 들 정도로
찬바람이 세게 많이 불었다.
눈이 되지 못한 빗방울도
조금씩 떨어졌다.

그 바람이 호수의 살갗을
힘차게 밀어대니
파도가 연-거푸 세게 일었다.

세찬 바람 따라
끊임없이 밀려오는 파고가
평상시보다 훨씬 높았다.

그래도 오래간만에
힘찬 파도를 보니
내 가슴도 갑자기 마구 뛰었다.

이런 날에도 여러 갈매기는
호숫가 일상의 자리를 지키고 있었다.

거친 바람을 즐기기라도 하듯이

날개를 죽 펴고서
힘을 들이지 않고
즐겁게 비행하는 갈매기들도 있고
호수에 빠지지 않게 만들어 놓은
보호용 철 담에 앉아서
쉬고 있는 갈매기들도 있었다.

그 갈매기들은 바람에 휘둘리지 않으려고
다리에 더 세게 힘을 주고
발가락으로 더 강하게 꽉 잡고 있었다.

세찬 비바람 속에서
그 모습을 바라보고 있는데
한 마리 갈매기가
자기를 바라보는 나를 바라보면서
이렇게 속삭이는 것 같았다.

'너도 인생의 날들 속에
어느 날인가
오늘처럼 세찬 비바람이 불어오면
그것에 휘둘리지 않게
두 손으로 너의 버팀목을 더 꽉 붙잡고
굳건하게 서라.'

그렇게 호숫가에 서서
차가운 바람을 맞고 있는데
예전에 어떤 광고에 나오는 노랫말이
바람 따라 귓가에 친근하게 들려왔다.
"바람 불어 좋은 날, 윈-디!"

조금 쌀쌀하긴 했지만
오늘은 바람 불어 좋은 날이다.

14. 대단히 어려운 것 두 가지

 이 세상에는 능력이 많고 뛰어난 사람이 참으로 많다. '인생이 참 불공평하다'라고 느껴지리만큼 태어날 때부터 아주 다른 부류의 사람들, 곧 외적인 조건뿐만 아니라 내적인 조건, 다시 말하면 타고난 능력이 남다른 사람들이 있다. 그런 사람들이 있되 아주 많이 있다. 그들에게는 다른 많은 사람에게 특별하게 여겨지는 것이 아주 평범하고도 기본적인 것으로 여겨질 수 있다.
 반면에 특별한 재능이나 능력이 없는 평범한 사람임에도 부단한 노력과 많은 실패의 과정을 거쳐 자신이 꿈꾸고 목표로 삼은 것-크든 작든, 특별하든 평범하든-을 이루며 사는 사람들도 있다. 그들에게는 노력과 연습이 최고의 자산이고 능력이라고 말할 수 있다.
 그런데 사람들 대부분은 그 두 부류의 사람들-겉으로 보기에는 똑같이 보이는 사람들-을 보면서 그들은 모두 자신들과는 전적으로 다른 사람들이라고 여기는 경향이 있다. 그렇게 여기는 이유 중 하나는 자신들은 본래 너무나 평범해서 그렇게 할 수 있는 사람들이 못 된다고 이미 자기 제한적 규정을 해버렸기 때문이다.

그래서 그들도 부단한 노력을 기울이면서 지속적인 연습을 하면 결국에는 어느 정도(때로는 대부분) 자신들이 원하는 것을 이룰 수 있음에도 스스로 포기해 버렸기에 자신들의 생각대로 자신들과는 무관한 것으로 머물게 된다. 그런 사람들은 '당신도 노력하면 당신이 원하는 것을 어느 정도 이룰 수 있다'라고 이해시키고 설득하기가 쉽지 않다. 자기 생각에 갇혀버렸기 때문이다. 그것은 일종의 정신적 감옥과 같은 것이다.

조나단과 갈매기 무리 사이에서도 이와 비슷한 일이 벌어졌다. 갈매기 무리가 조나단과 제자 갈매기들을 무시해도 그들은 그것에 아랑곳하지 않고 낮과 밤을 가리지 않고서 계속해서 연습했다. 그런데 갈매기 무리에 속한 갈매기 중에서 그것을 밤에 몰래 지켜보는 갈매기가 생겨났다. 다른 갈매기 무리에게 발각되지 않기 위해서였다. 그중에는 발각이 되어 쫓겨나서 조나단의 제자 갈매기 무리에 합류하기도 했다.

갈매기 무리에게, 심지어는 플레처 린드를 제외하고 배우는 갈매기들에게 조나단은 특별하게 여겨졌다. 주변의 갈매기 무리로부터 '신 갈매기의 아들'이라는 별명이 주어질 정도로 자신들과는 다른 그런 갈매기로 여김을 받게 되었다.

그러나 실제로는 조나단을 그렇게 부르는 갈매기들이 잘 알지 못할지라도 조나단은 본래 평범한 갈매기보다도 못했다. 그렇지만 온갖 나는 것에 관심이 있었기에 열심히 연습하여 그 경지에 이른 것이다.

물론 그 과정에는 실패와 좌절을 경험하면서 포기하고 싶은 마음이 들었음에도 포기하지 않고 자기의 꿈과 바람을 가지고 계속 했기에 그 경지에 이르게 된 것이다. 그러한 사실을 알지 못하는 갈매기들이 그 과정을 모르고 결과만을 보고 그렇게 이해한 것이다. 그러한 이해는 분명히 잘못된 것이다.

하루는 플레처 린드가 처음 배우려고 들어온 갈매기에게 속도 비행의 원리를 가르치고 있었다. 수직으로 빠르게 아래로 내려가다가 방향을 틀어 모래밭 바로 위를 총알처럼 지나갈 때 나는 법을 처음 배운 갈매기가 엄마 갈매기를 부르며 곧장 그 앞쪽으로 날아들었다.

린드는 충돌을 피하려고 방향을 틀다가 화강암 절벽에 처박히게 되었다. 그로 인해 린드는 충격을 받고 기절했고 죽은 듯 보였다. 그런 상황에서 조나단이 말하는 소리를 희미하게 듣게 되었고 한참 후에 린드가 눈을 뜨게 되었다. 절벽 밑에 모여 있던 갈매기들은 죽은 줄 알았던 린드가 깨어나자 놀라움을 감출 수 없었다. 잠시 후에 그들은 그 신 갈매기의 아들이 살려낸 것인데 그 갈매기는 자신들을 쳐부수러 온 악마라고 말하면서 조나단을 죽이려고 몰려들었다.

조나단과 린드는 어쩔 수 없이 피할 수밖에 없었는데 둘은 순식간에 1킬로미터쯤 떨어진 곳에 서 있게 되었다. 그로 인해 그 갈매기 무리는 자기들의 부리로 허공을 찌르게 되었다. 조나단은 그 상황이 벌어진 것에 당황해하면서 자기처럼 쫓겨나서 자기에게 배우는 제자 갈매기들을 염두에 두고서 린드에게 이렇게 말했다. "이 세상에서 가장 어려운 일은 말야. 어떤 새에게 그 새가 자유롭다고, 그리고 조금만 시간을 들여서 연습을 하면 그것을 자기 스스로 알 수 있다고 납득시키는 것 같아."

그 말을 듣던 린드는 자기들이 주변 경치가 다른 곳에 와 있다는 것을 깨닫고는 조나단에게 자기들이 어떻게 여기로 왔는지 물었다. 그때 조나단은 이렇게 말했다. "다른 것들 모두와 마찬가지야. 플레처 린드! 바로 연습이지." 조나단이 부단한 노력과 연습을 통해서 시공을 초월하여 순간적으로 다른 곳으로 이동하는 능력을 배웠는데 린드도 순간적으로 그렇게 된 것이다. 그리고 그 모든 것은 다름 아닌 연습 덕분이라고 조나단이 대답한 것이다.

조나단이 린드에게 한 말의 핵심은 어떤 것이든 연습하면 이룰 수 있다는 것과 그러한 사실을 설명하면서 '하면 된다'라고 설득하려고 하지만 사람들은 그것에 쉽게 응하지 않는다는 것이었다. 달리 말하면 누구든지 연습하면 자기가 원하는 것을 해낼 수 있는데 사람들은 그렇게 하지 않기에 자기가 원하는 것을 이루지 못하고 산다는 것이다.

이 말은 모든 사람에게 적용된다. 이런 점에서 보면 무언가를 이룬 사람들은 '연습하면 이룰 수 있거나 하면 된다'라는 말에 마음을 열고 귀를 기울이고서 실제로 실천하고 연습한 결과를 맛본 것이다. 이것은 오늘날도 여전히 참되다. 진리는 시대와 장소에 상관없이 항상 진리이기 때문이다. 그러니 누구든 인생에서 꼭 이루고 싶은 것이 있다면 그 시간부터 부단한 노력을 기울이면서 연습해야 한다.

<다른 하늘, 다른 하루>

오늘도 강의를 마치고
습관처럼 찾는 호숫가에 섰다.
그리고는
편안한 마음과 가벼운 발걸음으로
어머니의 품 같이 포근하게 느껴지는
햇살 가득 쏟아지는 호숫가를 걸었다.

살랑살랑 불어오는 봄바람
얼굴을 부드럽게 스치는
평온한 오후의 여유로움

창공을 자유롭게 날아다니는
갈매기들의 날갯짓이
도화지 위의 붓처럼
부드럽게 창공을 가르고 있었다.

호수 저 건너편
하늘이 한 폭의 그림처럼
아름답게 펼쳐졌다.

그 하늘이 바라보고 있는 나를

포근히 끌어 앉는 듯했다.

그 그림같이 아름다운 하늘을
물끄러미 바라보고 있노라니
하늘의 모습이 조금씩 바뀌고 있었다.

하늘은 매일 같은 하늘인데
그 모습은 태초 이래
한 번도 같은 적이 없었다.

그 하늘 아래의 하루도
매일 같으나 그 모습은 날마다 다르다.

매일 다른 하늘을 만나듯
삶은 매일매일 그 다른 하루를
새롭고도 다르게 만나는 것이다.
오늘도 그렇게 또 하루와 만난다.

15. 새로운 세대를 위한 새로운 스승

 개인적으로 아주 좋아하는 노래 중 하나인 가수 조용필 씨가 부른 〈킬리만자로의 표범〉의 노랫말에 이런 부분이 있다. "바람처럼 왔다가 이슬처럼 갈 순 없잖아 내가 산 흔적일랑 남겨 둬야지."
 인간이 살아가면서 느끼게 되는 필연적인 감정 중 하나는 허무함 또는 무상함이다. 허무하다는 느낌은 모든 것이 지나가는 이 세상의 실존적인 존재인 인간 됨의 한 부분이다. 그래서 인간은 누구나 정도의 차이는 있으나 살아가면서 필연적으로 허무함을 느끼게 되어 있다. 이것은 죽음에 가까이 갈수록 더 강해지는 실존적 감정이다.
 인간은 대부분 그런 속성으로 인해 살아가는 동안 의미 있는 것을 추구하려고 하고 무언가 자신이 살면서 성취한 것을 남기고 싶어 한다. 물론 그 반대의 경우도 있다. 인생은 허무한 것이라고 느끼기 때문에 '이런들 어떠하리 저런들 어떠하리' 하면서 그냥 되는 대로 살아가는 사람도 세상에는 부지기수로 많다.
 그러나 대부분은 자기 인생에서 무언가 특별하거나 의미 있는 것을 추구한다. 그것이 인간의 기본적인 성향이다. 〈킬리만자로의 표범〉은 인간의 그러한 보편적인 마음 상태를 노랫말에 담은 것이다. "호랑이는 죽어서 가죽을 남기고 사람은 죽어서 이름을 남긴다"라는 속담도 그런 함의를 담고 있다고 말할 수 있다.

사람이 살아가면서 얻을 수 있는 복 중의 복은 좋은 사람을 만나는 것이다. 특히 자기의 삶을 증진해 줄 수 있는 훌륭한 스승 또는 지도자를 만나는 것이다. 그뿐 아니라 자신이 전 생애를 통해서 이룩한 것을 물려받아 자기 것으로 삼고는 계속해서 진행해 갈 수 있는 사람을 만나는 것이다.

이런 점에서 일평생 살아가면서 누군가에게 무언가 전해주거나 물려줄 수 있는 것을 지닌 사람은 멋진 인생을 살아온 것이다. 그리고 그런 것에 관심을 가지고 전해 받거나 물려받으려고 하는 사람을 만나는 것도 커다란 복이다('내 인생에서 당신을 만나게 되어 감사합니다'라고 말하는 사람을 만나게 된다면 행복감에 젖게 될 것이다).

갈매기 조나단에게는 이러한 두 가지 복이 다 있었다. 조나단은 멋지게 날고 싶은 꿈 하나 때문에 겪지 않아도 될 많은 어려움과 실패 그리고 좌절을 경험해야 했다. 그러나 성취하고 싶은 그런 꿈 때문에 포기하지 않고 나는 일에 매진함으로써 드디어 그렇게 바라던 자기 꿈을 이루게 되었다.

제임스 알렌은 이렇게 말한다. "아름다운 비전, 곧 자기 마음에 고결한 이상을 품는 사람은 어느 날 그것을 실현할 것이다." 이 말은 조나단 갈매기에게도 그대로 적용된다. 조나단은 과거의 어느 날 장차 멋지게 나는 자기 모습을 마음에 품었고 미래의 어느 날 그것을 실현하여 멋지게 날 수 있게 되었다.

그뿐 아니라 자기와 같은 갈매기 플레처 린드를 만나 자기가 터득한 기술로 가르치면서 자기처럼 마음대로 멋지게 날 수 있는 갈매기로 길러냈다. 그리고 그러한 가르침을 통해 비행 기술을 전수해줌으로써 또 다른 자기와 같고 린드와 같은 미래의 갈매기들이 꿈을 이루어 갈 수 있는 길을 열어주었다.

그러한 제자 플레처 린드가 다시금 자기와 선생 조나단이 다른 제자 갈매기들과 함께 갈매기 무리로부터 매우 험한 꼴을 당하고 쫓겨나는 신세가 되었을 때 이렇게 물으면서 말했다. "오래전에 하셨던 말씀 기억납니까? 돌아가서 그들이 배우려 한다면, 그것을 배우도록 도와줄 만큼 무리를 사랑하느냐?…저는 선생님을 죽이려고 달려들었던 갈매기 무리를 어떻게 사랑할 수 있는지 이해가 되지 않습니다."

조나단은 린드의 말을 들은 다음에 '모든 갈매기가 지닌 착한 마음을 보고 갈매기들이 스스로 그것을 알도록 도와주어야 하는데 그것이 자기가 말한 사랑이야'라고 말했다. 그런 다음에 조나단은 거칠고 젊었던 예전의 린드의 모습을 상기시켜 주면서 지금 여기서는 지옥 같은 상황에서 하늘나라를 건설했고 앞으로는 모든 갈매기를 그 길로 이끌게 될 것이라고 말했다. '린드, 이제는 네가 새로운 스승이다!'라는 의미였다.

그 말을 들은 린드는 그럴 수 없다고 말하면서 조나단이 가르쳐야 하며 떠나면 안 된다고 거절 의사를 밝혔다. 그러나 조나단은 가르침을 필요로 하는 수많은 갈매기, 수많은 플레처 린드가 있을 것인데 그 갈매기들은 조나단 그 자신 이상의 어떤 선생을 필요로 할 것이고 그게 바로 린드라는 것이었다.

린드가 '자신은 평범한 갈매기일 뿐이고 선생님은…'이라고 말을 이어가려고 할 때 조나단은 도중에 린드의 말을 끊으면서 말했다. '신 갈매기의 단 하나뿐인 아들이라고 말하고 싶은 거겠지?' 그런 다음에 '린드에게는 더 이상 자신이 필요하지 않으며 매일 조금씩 참된 자기 자신을 발견해야 하고 그것이 스스로를 가르치는 길'이라고 말하면서 '자신을 이해하고 연습하라'라고 덧붙였다.

그리고는 다음의 두 가지를 당부했다. 하나는 '자신은 그저 날기를 좋아하는 평범한 갈매기이기에 다른 갈매기들이 자신에 대해 엉뚱한 소문을 퍼뜨리거나 신으로 만들지 않도록 하라'는 것이었다.

다른 하나는 '눈이 보여주는 것은 모두 제약이기에 눈이 말하는 것을 믿지 말고 린드 자신의 이해심으로 보고 이미 알고 있는 걸 발견해 내면 나는 법을 알게 될 것이다'라는 것이었다. 그런 다음에 조나단은 허공으로 사라져버렸고 린드만 남게 되었다.

이제는 선생 갈매기 조나단의 시간은 가고 제자 갈매기 린드의 시간이 왔다. 린드는 자기를 멋지게 길러준 조나단처럼 자기의 제자가 될 갈매기들을 자기보다 더 뛰어난 갈매기들로 멋지게 길러내야 한다. 그것이 린드에게 주어진 사명이고 과업이다. 린드는 여러 어려움이 있겠으나 분명 선생 갈매기 조나단처럼 그러한 사명을 멋지게 감당할 것이다. 그 선생의 그 제자이기 때문이다.

가르치는 선생에게 가장 보람이 되는 일 중 하나는 배우는 학생이 잘 배워서 장차 자기가 속한 곳에서 훌륭한 역할을 감당하면서 사는 것이다. 그것에 더하여 가능하다면 가르치는 선생보다 더 뛰어난 사람이 되어서 다시금 자기보다 더 뛰어난 제자들을 길러내는 것이다. 그래야 그 분야가, 더 나아가서는 사회와 세상이 더 나아지고 발전해 갈 수 있게 된다.

  물론 배우는 모든 학생이 가르치는 선생의 바람대로 되는 것은 아니어서 실제로는 모두가 잘 되기는 어렵다. 그렇지만 선생에게 잘 배우고 선생보다 더 나은 그런 학생들이 있게 마련이다. 많은 경우에 어느 분야의 학문과 기술 그리고 사회의 발전은 그런 사람들을 통해서 이루어진다. 선생과 학생, 스승과 제자의 교육적 이야기는 그렇게 진행된다.

16. 그 스승에 그 제자:
미래를 담은 매우 아름답고 희망찬 관계

    부모가 자녀를 선택할 수 없듯이 자녀도 부모를 선택할 수 없다. 그러나 자녀를 가질지 말지는 부모가 선택할 수 있다. 자녀의 출생권은 전적으로 부모에게 있다. 자녀는 그것마저도 없다. 그런 점에서 자녀는 약자다. 선택권이 전혀 없다는 점에서 그렇다.

    부모가 자기의 선택과 결정권으로 자녀를 가졌으면(설사 계획하지 않았다고 하더라도 낳았으면) 자녀를 잘 양육하는 것은 부모의 가장 중요한 책임이다. 자기들이 결정해서 낳은 것이기 때문이다. 부모가 자기들의 부모에게서 태어나고 싶어서 태어난 게 아니라 자기들의 부모가 선택하고 결정해서 낳은 것처럼 자녀는 태어나고 싶어서 태어난 것이 아니고 부모가 선택하고 결정해서 낳은 것이다.

    그러함에도 자녀는 자기가 원해서 태어나는 것이 아니나 자기를 낳아 존재하게 해준 부모를 존중하고 공경하면서 부모의 양육과 지도를 잘 받아 좋은 인간으로 자라고 멋있는 인생을 살아갈 책임이 있다. 이런 점에서 책임은 부모와 자녀 모두에게 있다고 하겠다. 부모는 자녀를 잘 양육할 책임이 있고 자녀는 부모의 가르침을 존중하고 공경하면서 잘 자랄 책임이 있는 것이다.

이처럼 부모는 양육하면서 모범을 보이고 자녀는 그것을 잘 따라야 한다. 그렇게 되면 자녀는 부모를 닮게 되고 부모는 자녀의 본보기가 된다. 이런 점에서 '대대로 아버지가 아들에게 전하는 것'을 의미하는 "부전자전"(Like a father, like a son)이란 말은 적절하다.

그렇게 되면 정말로 '그 아버지에 그 아들'이 된다. 아주 이상적이고 멋진 부모와 자녀의 관계를 형성하게 되는 것이다. 그리고 그것이 대대로 이어지면 명문 가정이 되고 그런 명문 가정이 많아지면 저절로 명문 사회와 명문 나라가 되게 된다.

'부전자전'이란 말을 스승 조나단과 제자 린드에게 그대로 적용하여 사자성어를 만들어보면 '사전제전'(like a teacher, like a pupil, 師傳弟傳)이 된다. '그 스승에 그 제자,' 곧 대대로 스승이 제자에게 전하는 것을 뜻한다. 제자는 훌륭한 스승을 닮게 되고 스승은 전도유망한 제자의 본보기가 된다. 실제로 조나단과 린드는 그런 관계였다.

조나단이 자기 곁을 떠난 뒤 얼마 되지 않았을 때 대를 이어 새로운 스승이 된 제자 린드는 자기에게 배우러 온 갈매기들을 맞이하여 스승 조나단이 가르쳤던 방식대로 가르치게 되었다. 린드는 공중으로 높이 날아오른 다음 젊은 갈매기들을 향해 엄숙한 어조로 이렇게 말했다.

'우선, 너희는 갈매기가 무한히 자유로운 생각, 신 갈매기의 모습이라는 것을 이해해야 하고, 너희의 몸은 날개의 끝에서 끝까지 너희 생각 그 자체일 뿐이라는 것을 알아야 한다.' 그것은 정확히 스승 조나단 갈매기가 자기들에게 강조하여 말하던 것이었다. 린드는 자기에게 배울 제자 갈매기들에게 그 핵심을 그대로 말한 것이다.

그 젊은 갈매기들이 린드가 가르친 대로 배우게 되면 그들도 또 다른 스승이 되었을 때 똑같은 원리를 말하면서 가르치게 될 것이다. 그것은 갈매기가 나는 것을 배울 때 명심해야 할 가장 근본적이고 중요한 것이었기 때문이다.

그러나 린드가 처음 조나단에게 그 말을 듣고 이해하지 못했던 것처럼 린드의 제자들도 그 말의 의미를 전혀 이해할 수가 없었다. 그래서 그 젊은 갈매기들은 그 말을 듣고서 '도대체, 지금 무슨 말을 하는 거야?'라고 묻고 싶었던지 도무지 이해할 수 없다는 표정과 눈빛으로 린드를 바라보았다. 그들은 그저 공중제비 법칙을 배우기를 기대했기 때문이다.

그래서 린드는 처음부터 다시 시작하기로 했다. 자기에게 배우러 온 갈매기들을 애정 어린 눈으로 하나하나 바라보면서 "우선 수평 비행부터 시작하자"라고 말했다. 린드는 그렇게 말하면서 오래전에 자기들에게 같은 모습으로 말했던 조나단이 솔직히 말해서 지금의 자신과 다를 바 없는 한 마리의 평범한 갈매기였다는 것을 깨닫게 되었다. 그렇게 말하고 있는 린드 자신이 평범한 갈매기였기 때문이다.

린드는 '한계란 없다'라는 스승 조나단 갈매기의 말을 상기하면서 '열심히 하여 자기가 있는 그곳으로부터 선생 조나단이 있는 곳에 나타나 비행에 관해 한두 가지를 보여 줄 시간'을 꿈꾼다. 린드는 스승 조나단이 자기들을 대하던 모습을 생각하면서 적당히 엄하게 보이려고 했으나 조나단에게 그들이 그렇게 보였던 것처럼 린드에게도 제자들이 다르게 보이기 시작했다. 제자들의 모습이 아주 사랑스러워 보였고 그들의 진정 어린 모습에 깊은 사랑을 느끼게 되었다.

린드는 자기에게 배우는 갈매기들을 보면서 이전 조나단의 가르침과 말의 의미를 하나둘 깨닫기 시작했고 조나단이 자신들을 대했던 방식, 곧 사랑의 방식으로 배우는 갈매기들을 대하게 되었다. 린드는 자기의 제자 갈매기들과 함께 자기의 스승 조나단 갈매기의 '한계란 없다'라는 가르침을 따라 "끝없는 배움의 경주"를 시작하였다. 그것이 "갈매기의 꿈"의 마지막 장면이다.

무언가를 배울 때 처음에는 그 내용이 적잖이 낯설어서 다루기에 너무 커 보이고 습득하기에 너무 어려워 보이고 도달하기에 너무 멀어 보인다. 배우는 사람들 대부분은 그런 마음이 들게 되어 있다.

그러나 포기하지 않고 꾸준하게 해가다 보면 익숙해지고 나아지게 되고 결국에는 자기가 원하는 높은 경지에 이를 수 있게 된다. 그것이 가르침의 영향력이고 배움의 힘이다. 스승 조나단 갈매기와 제자 린드 갈매기가 그것을 몸소 보여주었다. 따라서 린드의 제자들도 앞으로 그렇게 될 것이고 그런 길을 성실하고 진지하게 가는 모든 제자도 그렇게 될 것이다.

꿈도 마찬가지다. 어떤 것을 꿈꾸고 그 꿈이 무슨 일이 있어도 인생에서 꼭 이루고 싶은 것이라면 실패와 좌절을 겪으면서도 포기하지 않고 앞으로 가다 보면 언젠가 때가 되면 이루어지게 되어 있다. 그것이 갈매기의 꿈, 바로 그 꿈이 가르치는 진리이다. 그 진리는 그대로 맞다. 갈매기의 꿈!

<바람, 추억 그리고>

바람이 머물다 간 자리에는
아무것도 남는 게 없지만
바람이 잔잔히 불던 날
네가 머물다 간 자리에는
우리의 추억이 남는다.

그리고 그 추억은
너에 대한 나의 마음을 담아
때때로 내 안에서
손짓하며 말없이 너를 부른다.

바람이
내가 좋아하는 바람이
이렇게 세게 부는 날에는
너에 대한 그리움도
내 안에서 더욱 널따랗게 날개를 편다.

내 마음에 추억의 둥지를 트고
언제나 그리움으로 솟아 나는 너는
내 마음의 샘물이다.

에필로그. '갈매기의 꿈' 그리고 나의 꿈

대개 학교에서 강의를 마치면 집으로 오기 전에 하는 것이 있는데 편안한 마음으로 학교 앞쪽에 있는 호숫가를 거닐면서 나만의 시간을 갖는 것이다. 걸으면서 생각도 하고 걷다가 잠시 멈추어서서 호수를 바라보면서 마음에 쉼을 주기도 한다. 그렇게 하는 것이 언제부터인가 내 삶에 하나의 습관처럼 자리를 잡게 되었다. 그 호숫가를 조용히 거니는 것은 언제나 즐겁고 행복한 경험이다.

더욱이 해가 하늘과 호수를 붉게 물들이면서 호수 저편으로 져 갈 때 연출하는 석양의 노을은 그 자체로 한편의 풍경화이다. 그때의 해는 어떤 화가도 넘볼 수 없는 정말로 뛰어난 화가이다. 그것을 바라보고 있노라면 어느덧 내 마음이 아름답게 물들뿐 아니라 내 마음 자체가 하나의 예쁜 호수가 된다.

호숫가에는 내가 하는 것처럼 대개 몇몇 사람이 호숫가를 따라 거닐면서 산책을 즐기거나 호수 앞에 서서 호수를 바라보면서 생각에 잠기곤 한다. 거기에 빠지지 않는 게 하나 있는데 갈매기들이다. 사시사철 언제나 적지 않은 수의 갈매기들이 호숫가에서 쉬기도 하고 호수 위를 날기도 하며 호수에서 유유히 수영을 즐기기도 한다.

  한번은 편안한 마음으로 호수 위를 힘차게 날아다니는 갈매기들을 보고 있는데 갑자기 오래전에 읽었던 리처드 바크의 『갈매기의 꿈』이 생각났다. 눈앞에서 힘차고 자유롭고 멋지게 날아다니는 갈매기들이 그 책 속에서 힘차게 날아다니던 갈매기들처럼 친근하게 느껴졌다. 그러면서 그 책을 다시 읽고 싶은 마음이 생겼다.

  그래서 집에 오자마자 곧바로 책장에 꽂혀 있던 그 책을 꺼내어 읽기 시작했고 책이 그리 두껍지 않은 데다가 감사하게도 삽화까지 있어서 즐겁게 금방 읽을 수 있었다. 오랜만에 읽는 책이었지만 내 머릿속에 내용이 고스란히 담겨 있어서 옛날에 읽던 때를 되새기면서 즐거운 마음으로 읽었다. 더욱이 마음에 다가오는 내용들과 문장들 위에 서표들을 붙이면서 읽었고 책을 읽는 내내 그것들을 나 자신과 연관 지어 생각했다. 그 책의 저자가 의도한 게 바로 그런 거였을 것이기 때문이다.

  그뿐 아니라 책을 다 읽고 덮어두었는데도 책의 내용이 자꾸 나의 마음을 붙잡고는 놓아주지를 않았다. 무언가 느낀 것이 있으면 너의 이야기를 좀 써보라는 듯이 내 마음을 떠나지를 않았다. 그래서 갈매기의 꿈처럼 마음의 날개를 펴고는 마음 가는 대로 그 내용들을 바탕으로 나의 개인적인 생각들을 덧붙여서 글을 쓰기 시작했다. 저자가 책을 통해 의도한 대로 하는 게 독자로서 저자의 뜻을 존중하는 것이라고 여겨져 그렇게 하기로 한 것이다. 그것이 바로 이 작은 책에 담긴 내용이다.

나 자신이 여전히 마음에 꿈을 품고 꿈을 따라 살아가는 삶을 살고 있다. 학창 시절에 가졌던 나 자신의 고유한 꿈을 살아가면서 이루고 그 꿈을 따라 살아가는 많지 않은 사람 중의 하나이다. 그래서 생의 성취감과 내적 만족감을 지니고 살고 있다. 물론 조나단 갈매기처럼 그 꿈을 이루기 위해 여러 과정을 거칠 때 종종 포기하고 싶을 때도 있었지만 그래도 그렇게 하지 않고 꿈에 대한 대가를 치르면서 원하던 것을 이루게 되었다.

인생길을 걸어오면서 꿈과 관련하여 스스로 참 잘했다고 생각하는 것이 두 가지가 있다. 하나는 인생에서 꿈을 갖고 그것에 따라 살아온 것이고 다른 하나는 그 과정에서 적잖은 어려움들이 있었음에도 포기하지 않고 끝까지 그것을 이루면서 살아왔다는 것이다. 조나단 갈매기의 꿈과 그것의 성취가 의미 있게 다가오는 것은 아마 그런 이유에서일 것이다.

산다는 것이 어렵고 힘든 일이긴 하지만 마음에 꿈을 담고 그것의 성취된 미래를 생각하면서 힘차고 꿈 차고 희망차게 살아가는 사람은 행복하고 복되다. 인생에서 별다른 꿈이 없어서 고민되거나 꿈을 따라 살아오다가 포기했거나 다시금 꿈을 꾸기를 바라는 사람이 있다면 리처드 바크의 『갈매기의 꿈』을 펼쳐 들고 읽으면서 다시 꿈을 꾸는 용기를 얻으면 어떨까? 그런 사람이 많아지기를 바라는 마음이 크고 또 그렇게 하는데 이 작은 책이 조금이나마 역할을 한다면 대단히 기쁘고 감사할 일이다.

<갈매기 묵상>

해 질 녘
붉게 물든 창공을 자유롭게 나는
한 마리 갈매기의 힘찬 날갯짓에서
생의 활력을 본다.

갈매기가 저 넓은 공간을 자유롭게 날려면
부단한 몸부림은 필수적이다.

날개는 날기 위해 있다.
멋진 날개도 가만히 있으면
그저 몸의 일부일 뿐이고
장식품에 불과하다.

두 날개를 활짝 펴고 맘껏 날아야만
놀라운 일이 생긴다.
높이 높이 그리고 멀리멀리
날 수 있는 갈매기에게도
아무것도 하지 않으면
아무 일도 일어나지 않는다.

그저 땅 위를 걸으며

떨어진 모이를 주워 먹기만 하면
배는 부를 수 있지만
멋진 세상은 볼 수 없다.

힘차게 날갯짓하며 날아올라야만
넓은 세상을 볼 수 있다.
그래서 오늘도 갈매기는
그렇게 하늘을 날고 또 난다.

오늘의 생의 몸짓은
더 나은 내일을 위한 조건이다.
움직여야 바라는 것을 얻을 수 있다.

한 마리 갈매기처럼
마음의 날개를 죽 펴고
꿈의 창공을 힘차게 훨훨 날며
오늘을 살아야만
꿈꾸는 것을 내일 만날 수 있다.

꿈은 바람이 부는 날에도 날개를 편다

초판 1쇄 발행 2025년 10월 30일

지은이 박민희
펴낸이 민상기
편집장 이숙희
편집자 민경훈

펴낸곳 도서출판 드림북
인쇄소 예림인쇄 **제책** 예림바운딩
총판 하늘유통

· **등록번호** 제 65 호 **등록일자** 2002. 11. 25.
· 경기도 양주시 광적면 부흥로 847 경기벤처센터 220호
· Tel (031)829-7722, Fax(031)829-7723

· 잘못된 책은 교환해 드립니다.
· 이 출판물은 저작권법에 의해 보호를 받는 저작물이므로 무단 복제할 수 없습니다.
· 독자의 의견을 기다립니다.
· 드림북은 항상 하나님께 드리는 책, 꿈을 주는 책을 만들어 갑니다.